Die schönsten
Liebesrezepte

Ruth Johnson

Die schönsten
Liebesrezepte

Aphrodisische Küche einfach sinnlich

Fotografiert von Ulla Mayer-Raichle

AT Verlag

© 2008
AT Verlag, Baden und München
Lithos: Vogt-Schild Druck, Derendingen
Druck und Bindearbeiten: Druckerei Uhl, Radolfzell
Printed in Germany

ISBN 978-3-03800-268-0

www.at-verlag.ch

Inhalt

7	Vorwort
8	Die aphrodisische Küche
11	Aphrodisische Zutaten von A bis Z
33	Aphrodisiaka aus der Apotheke
36	Anaphrodisiaka
39	**Zu den Rezepten**
40	Häppchen **Ouvertüre in Es(s)-Dur**
50	Vorspeisen **Zum Auftakt**
66	Suppen **Sanftes zum Löffeln**
80	Fisch und Meeresfrüchte **Aus Fluss und Meer**
94	Fleisch und Geflügel **Aus Stall und Weide**
114	Vegetarische Gerichte **Aus Feld und Garten**
128	Gemüse, Beilagen, Grundrezepte **Die passende Begleitung**
142	Desserts **Der süße Ausklang**
158	Dank
158	Bezugsquellen
159	Rezeptverzeichnis

Vorwort

Die meisten Menschen haben heutzutage das Gefühl, zu wenig Zeit zu haben. Zugegeben, auch ich renne als Unternehmerin und Kochbuchautorin, als Mutter und Partnerin oft der Zeit hinterher. Dabei weiß ich genau, dass Zeitmangel ein wahrer Lustkiller ist.

Wie steht es in Ihrem Leben mit Liebe und Sinnlichkeit, der Nahrung des Herzens und der Seele? Haben Sie ab und zu auch das Gefühl, in diesem Bereich unterernährt zu sein? Dabei braucht es, um Abhilfe zu schaffen, nicht viel. Das Wichtigste ist Zeit – sie ist im heutigen, von Hektik und Termindruck geprägten Leben neben der Gesundheit unser wertvollstes Gut. Grund genug, mit diesen beiden Kostbarkeiten sorgfältig und bewusst umzugehen.

Schaffen Sie sich also ab und zu eine kleine Zeitinsel im Alltag. Und nehmen Sie dieses Kochbuch in die Hand. Es lädt Sie ein, mit gesunden, frischen Rezepten ohne großen Zeitaufwand mehr Sinnlichkeit in Ihr Leben und Ihren Alltag zu zaubern. Denn Sie wissen ja, dass die Liebe durch den Magen geht ...

Mit den vorliegenden Rezepten bereiten Sie im Nu ein erotisches Mahl zu. Dabei wecken die sorgfältig gewählten aphrodisischen Zutaten Ihre Liebesgeister, und zudem lenken Sie bei deren Zubereitung Ihre Sinne und Ihren Geist auf Ihren Liebsten oder Ihre Liebste. Mit wenig Aufwand und viel Freude werden Sie so ein Gleichgewicht finden zwischen Arbeit, Alltag und Beruf auf der einen und Entspannung, Sinnlichkeit und Liebe auf der anderen Seite.

Die aphrodisische Küche beschwingt, stimuliert und erotisiert. Ich wünsche Ihnen dabei viele schöne Momente!

Die aphrodisische Küche

Was sind Aphrodisiaka?

Das Wort Aphrodisiakum (Mehrzahl: Aphrodisiaka) kommt aus dem Griechischen und ist vom Namen der Liebesgöttin Aphrodite abgeleitet. Ein Aphrodisiakum ist ein Mittel zur Anregung, Steigerung oder Wiederbelebung des sexuellen Lustempfindens und der Potenz. Anaphrodisiaka bewirken das Gegenteil: Sie dämpfen den Geschlechtstrieb und wirken dämpfend und beruhigend auf den Körper. Aphrodisische Nahrungsmittel sind immer auch äußerst gesunde Lebensmittel, die eine geballte Ladung Vitamine, Mineralstoffe, Spurenelemente und dazu noch ein gewisses Extra enthalten.

Wie wirken Aphrodisiaka?

Vereinfacht zusammengefasst lösen die in den Aphrodisiaka enthaltenen Inhaltsstoffe im Gehirn einen Impuls aus, der zur Ausschüttung von Sexualhormonen führt. Die Hormone lassen die Sexualorgane anschwellen, regen zudem den gesamten Organismus an und stimulieren die Produktion und den Fluss der Körpersäfte. Am besten wirkt ein Sextonikum dann, wenn der Mensch physisch und psychisch ausgeglichen ist.

Wer braucht Aphrodisiaka?

Eigentlich braucht sie niemand. Wer sie am wenigsten benötigt und doch an ihre Wirkung glaubt, erfährt den Genuss am deutlichsten. Aphrodisiaka werden aber nie Wunder wirken oder Probleme lösen.

Das musste ich selbst auch erfahren. Kurze Zeit nachdem mein erstes aphrodisisches Kochbuch erschienen war, entschied sich mein damaliger Mann, sich von mir zu trennen, um sein Glück in einer neuen Beziehung zu finden. All meine aphrodisischen Kochkünste waren wirkungslos. Falls Sie also Probleme haben, suchen Sie Rat bei Ihrem Arzt oder konsultieren Sie einen Therapeuten.

Wo bekommt man Aphrodisiaka?

Aphrodisische Lebensmittel sind allgegenwärtig und die meisten von ihnen gleich um die Ecke zu kaufen. Im folgenden Kapitel habe ich die wichtigsten Aphrodisiaka zusammengetragen. Sensibilisieren Sie alle Ihre Sinne beim Einkaufen, Zubereiten und Genießen einer Mahlzeit. Lauschen Sie in ihren Körper hinein. Und benützen Sie Ihren Geist. Er ist das wichtigste Sexualorgan, denn er beflügelt die Fantasie!

Aphrodisische Zutaten von A bis Z

Ananas
Die Ananas ist in Südamerika und Afrika heimisch. Das Fleisch und der Saft wirken harntreibend und kräftigend. Um sie als Aphrodisiakum zu verwenden, streut man Chilipulver darüber, oder man genießt sie mit Honig und wenig weißem Rum.

Anis (Pimpinella anisum)
Anis wächst im östlichen Mittelmeergebiet und in Europa. Im alten Griechenland und Rom war Anis eines der meistgenutzten Gewürze. Er soll die Lust zum Beischlaf fördern, eignet sich daher gut zum Parfümieren aphrodisischer Gerichte und Getränke.

Aprikose
Diese Frucht mit ihren weiblichen Rundungen enthält viel Eisen, Kalium, Kalzium, Magnesium und Phosphor. Sie wirkt tonisierend.

Artischocke
Ob ihr Aussehen oder die Art, wie man sie am häufigsten isst, der Artischocke den Ruf als aphrodisische Speise eintrug, sei dahingestellt. Die Franzosen jedenfalls sind überzeugt, dass sie die Genitalien erhitzt, und es ist unbestritten, dass sie zu den Spitzenreitern unter den Aphrodisiaka zählt.

Asant (Ferula asa-foetida)
Asant, auch Stinkasant, Teufelsdreck oder Asafoetida genannt, gedeiht in Südeuropa und Asien. Sein Harz wurde seit Urzeiten als Heilmittel gegen Impotenz, vorzeitige Ejakulation und Lustlosigkeit geschätzt. In der tibetischen Medizin gilt er als hervorragendes Aphrodisiakum. In kleinen Mengen ist es ein köstliches Gewürz in indischen Gerichten. Übrigens soll Asant auch im Parfüm Chanel Nr. 5 enthalten sein.

Aubergine
Dieses gesunde Gemüse gehört zur Familie der Nachtschattengewächse, die zahlreiche aphrodisierende Pflanzen, wie Tomate, Kartoffel und Paprika, hervorgebracht hat. Zu den verbotenen, hoch wirksamen Nachtschattengewächsen zählen Alraune, Bilsenkraut, Tollkirsche und Stechapfel.

Austern
Austern sind der Inbegriff von Erotik. Der Anblick der geöffneten Muschel kitzelt die Fantasie. Ihre aphrodisische Wirkung schätzen Liebhaber seit Jahrhunderten.

Avocado 💋 💋
Ursprünglich aus Südmexiko stammend, wächst der Avocadobaum heute weltweit in den Tropen und in anderen sehr warmen Gegenden. Die Bezeichnung »Avocado« stammt von dem indianischen Nahuatl-Wort ahuacatl, was Hoden bedeutet. Bei den Indianern wird die aphrodisische Wirkung von Fruchtfleisch und Kern von jeher geschätzt.

Banane 💋 💋
Sowohl das Aussehen als auch das Esserlebnis sind erotisch. In Sri Lanka glaubt man, nicht der Apfel, sondern die Banane sei die Verführungsfrucht im Paradies gewesen.

Basilikum (Ocimum basilicum) 💋
Das aus Südasien stammende Kraut enthält ätherische Öle, Gerbstoffe und Vitamine. Wer täglich ein Blatt von der Tulasi-Pflanze (Ocimum sanctum), einer den Hindus heiligen Basilikumart, zu sich nimmt, soll neben guter Gesundheit auch ein glückliches Sexualleben haben.

Birne 💋
Weich in der Form, weich im Fleisch ist sie eine Verkörperung des Weiblichen.

Bockshornklee (Trigonella foenum graecum) 💋 💋
In Südosteuropa, Nordafrika und Asien heimisch, wird Bockshornklee schon lange sowohl in der chinesischen wie auch in der ayurvedischen Medizin eingesetzt. Er wirkt wärmend und regt die Gebärmutter an. Vor allem in der indischen Küche ist er ein beliebtes Gewürz. Die Samensprossen stärken Leber, Nieren und die Fortpflanzungsorgane.

Bohnenkraut (Satureja hortensis) 💋
Bohnenkraut regt die Gebärmutter und das Nervensystem an. Schwangere sollten das Kraut nicht einnehmen. Sein Duft ist warm und aromatisch.

Brennnessel (Urtica dioica) 💋
Das in Europa und Asien weit verbreitete Kraut wird von jeher als Heilmittel verwendet. Brennnessel fördert die Durchblutung, wirkt harntreibend und regt die Libido an. Die Blätter werden in Tee, Suppen oder Saucen verwendet.

Brokkoli 💋
Die hübschen Röschen stecken voller Vitamine, Mineralstoffe und Spurenelemente.

Champagner 💋 💋
Dieses wunderbar prickelnde Getränk wirkt enthemmend, hebt die Stimmung und ist sehr erotisierend.

Chili (Capsicum annuum) 💋 💋
Neben Sellerie und Spargel eines der bekanntesten Aphrodisiaka. Chili ist im wahrsten Sinne des Wortes «heaty» und macht natürlich auch «heiß» ...

Durian (Durio zibethinus) 💋 💋
Die frischen, reifen Früchte, die sich in einer stacheligen Schale befinden, gelten in Südostasien als bewährtes Aphrodisiakum. Da ihr Geruch buchstäblich zum Himmel stinkt, sind die Früchte in öffentlichen Verkehrsmitteln und Hotels mit Klimaanlage verboten.

Eier 💋
Das Ei ist ein uraltes Symbol der Fruchtbarkeit.

Eisenkraut (Verbena officinalis) 💋
Schon bei den alten Römern wurde Eisenkraut als Liebesmittel eingesetzt; sie nannten es «das Glück der Venus». Auch den keltischen Druiden war das Kraut heilig. Es wurde vor allem den Männern empfohlen, da es ihren «Zauberstab» so hart wie Eisen machen soll.

Erdbeere 💋
Einerseits ist es die Herzform, andererseits die verlockend rote Farbe, die die Erdbeere in die Gefilde der erotischen Früchte emporhebt.

Feige 💋 💋
Das Feigenblatt kam schon im Paradies für seinen sprichwörtlichen Zweck zum Einsatz. Das Innere der Frucht ist vollgepackt mit Samen – Fruchtbarkeit pur. Die fromme Hildegard von Bingen rät, Feigen nur vorübergehend bei Schwäche zu essen, da sie gelüstig und haltlos machen.

Fenchel

Den Gladiatoren, Verkörperung purer Männlichkeit, wurde im alten Rom täglich eine Ration Fenchel zur Stärkung verabreicht. Auch in der Feldküche der römischen Legionen fehlte er nie. Fenchel macht die Männer stark, und die Frauen profitieren davon. Übrigens unterscheiden die Italiener männlichen und weiblichen Fenchel. Der männliche ist rund und dick, knackiger und schmackhafter und hat zudem keine lästigen Fäden. Der weibliche ist langgestreckt, schlank und weniger gut im Geschmack. Wenn Sie die Wahl haben, nehmen Sie also immer die aromatischen männlichen Fenchelknollen.

Fisch

Fisch und Meeresfrüchte sind Eiweiß- und Phosphorquellen, die sich positiv auf die Potenz und das Gehirn auswirken. Matrosen und Männer in Ländern mit traditionell reicher Fischkost sollen bis ins hohe Alter ihre Virilität erhalten.

Fleisch

Die Prinzipien der gesunden Ernährung haben auch in der aphrodisischen Küche Einzug gehalten. Während früher ein großes blutiges Steak für den Mann als Aphrodisiakum schlechthin galt, gibt man heutzutage eher kleineren Mengen von zartem, magerem Fleisch den Vorzug. Also: Nichts gegen Fleisch, aber in gesundem Maß.

Galgant (Alpinia officinarum)

Das in Südasien heimische ingwerähnliche Gewächs wird in der Volksmedizin zur Förderung der Verdauung und gegen Blähungen eingesetzt. Zudem soll man nach seiner Einnahme zum zwölfmaligen Koitus fähig sein. Die Wurzel ist seit langem ein beliebter Zusatz zu Liebestrünken.

Geflügel

Wie das Ei ist auch Geflügel ein Inbegriff der Fruchtbarkeit. Da es leichter verdaulich ist als rotes Fleisch und damit auch die Liebesaktivitäten weniger beeinträchtigt, wird es gerne in den Gerichten der aphrodisischen Küche verwendet. Natürlich ist Geflügelfleisch ein vorzüglicher Eiweißlieferant.

Gelbwurz (Curcuma domestica) 💋

Die gelbe Wurzel wird frisch oder getrocknet verwendet und dient als Gewürz, Heilmittel und Färbemittel. Kurkuma ist der Hauptbestandteil von Currymischungen. Es färbt wie Safran die Speisen gelb, schmeckt aber ganz anders.

Gelée royale 💋 💋

Gelée royale ist das Kraftfutter der Bienenkönigin, die im Tag bis zu zweitausend Eier legt, und das viele Jahre lang. Der Saft wird von den Bienen zwischen ihrem sechsten und zwölften Lebenstag aus der Futtersaftdrüse am Kopf abgesondert. Seit Jahrtausenden in China und im Orient als Allheilmittel eingesetzt und auch schon von den alten Griechen und Römern geschätzt, hat das Wundermittel bei uns erst vor kurzem Einzug gehalten. Es ist wissenschaftlich erwiesen, dass Gelée royale anregend, stärkend, verjüngend und euphorisierend wirkt. Es stellt das Gleichgewicht zwischen den Körperfunktionen wieder her und wirkt revitalisierend. Experimente mit an Sex nicht interessierten und impotenten Männern ergaben, dass der königliche Saft nicht nur Lust und Potenz, sondern auch die Beweglichkeit der Spermien steigern kann. Auch Wechseljahrsbeschwerden bei Frauen werden dadurch gelindert. Der Saft enthält alle benötigten Aminosäuren, zehn Vitamine und fünf Mineralstoffe. Übrigens: Die Queen Mum schwor jahrzehntelang auf dieses Wundermittel.

Gewürze 💋 💋

Gewürze wirken wärmend, sie regen den Körper und die Sinneslust an. Dies erkannte bereits die Nonne Hildegard von Bingen; sie warnte vor der Wirkung mancher Gewürze, da sie «ausgelassen, gelüstig oder dumm» machen. Aus demselben Grund galt im christlichen Mittelalter ein reichlicher Genuss von Gewürzen als verwerflich.

Gewürzlilie (Kaempferia galanga) 💋 💋

Der Wurzelstock der in Südostasien gedeihenden Gewürzlilie wird in der traditionellen indonesischen Kräuterkunde getrocknet, zerrieben und mit anderen Zutaten zu Jamu-Getränken verarbeitet. Wirkt gesundheitsfördernd und kräftigt die Sexualorgane.

Gewürznelke (Syzygium aromaticum) 💋

Wie der Muskatnussbaum ursprünglich auf der indonesischen Inselgruppe der Molukken oder Gewürzinseln heimisch, wird der Nelkenbaum heute in allen tropischen Gebieten angebaut. Die Gewürznelke ist die getrocknete Blütenknospe des Baumes. Schon im 3. Jahrhundert vor Christus von den Chinesen importiert und als Universalheilmittel verwendet, eroberte sich die Nelke allmählich auch andere Länder. Sie wurde als Aphrodisiakum, gegen Zahnschmerzen und schlechten Atem geschätzt. Die Gewürznelke enthält das ätherische Öl Eugenol, das gegen Impotenz und geburtsfördernd wirkt.

Granatapfel 💋 💋

Der Granatapfelbaum wurde schon im Altertum im ganzen Mittelmeerraum angepflanzt. Der Liebesgöttin Aphrodite heilig, galt der Granatapfel als Liebesapfel und Symbol der Fruchtbarkeit. In der Antike wurde die Frucht kinderlosen Frauen verschrieben, und in Zypern werden heute noch Granatäpfel vor die Haustüre von frisch verheirateten Ehepaaren gelegt, um ihnen viel Nachwuchs zu wünschen.

Honig 💋 💋

Seit vielen Jahrtausenden wird Honig in allen Kulturen hoch geschätzt und als Aphrodisiakum benutzt. Der Honigwein Met wurde gerne, mit Bilsenkraut versetzt, als Stimulans getrunken. Die Indianer von Nord- und Südamerika gaben den Säuglingen als erste stärkende Nahrung Honig. Honig lässt sich problemlos mit Gewürzen und Kräutern mischen und so in verschiedensten Liebesgetränken und -speisen verwenden. In Asien glaubt man, dass Honig die Fruchtbarkeit der Frau und die Potenz des Mannes positiv beeinflusst. Er soll zudem auch als Verjüngungsmittel wirken.

Hummer 💋 💋

Der edle Hummer braucht keinen Schnickschnack. Einfach gekocht, mit einem Glas Champagner genossen, ist er ein eleganter Auftakt zu einem verheißungsvollen Abend.

Ingwer (Zingiber officinarum) 💋

Der in Südasien heimische Ingwer wird von jeher für medizinische und kulinarische Zwecke angebaut. In der ayurvedischen Medizin gilt er als Universalheilmittel. Die Wurzel wird sowohl frisch wie auch getrocknet verwendet. Sie ist süß, scharf, aromatisch und wärmend und ist deshalb ein bekanntes und beliebtes Aphrodisiakum.

Kaffee 💋
Der Kaffeestrauch wächst in den tropischen Zonen Afrikas, Amerikas und Asiens. Kaffee wird auf der ganzen Welt als stimulierendes und anregendes Getränk geschätzt. Für erotische Zwecke wird empfohlen, Kaffee mit Kardamom und Honig zu parfümieren. Siehe auch Koffein, Seite 36.

Kakao 💋 💋
Der Kakaobaum gedeiht in Mittelamerika. Die «Nahrung der Götter», wie er auch genannt wurde, war bei den Azteken, Mayas und Inkas so wertvoll, dass die Samen als Zahlungsmittel dienten. Kakao war bei allen Indianerstämmen ein populäres Aphrodisiakum. Aus den fermentierten, getrockneten und gerösteten Samen werden Kakaopulver und Kakaobutter und aus diesen Schokolade und andere Produkte hergestellt. Das in der Kakaobohne enthaltene Phenylethylamin bewirkt eine ähnlich entspannte Glücksstimmung wie jene nach dem Liebesakt.

Kardamom (Elettaria cardamomum) 💋
Kardamom, im Orient «Paradiessamen» genannt, wird dort schon seit Jahrhunderten als wertvolles Gewürz, Heilmittel und Aphrodisiakum gehandelt. Seine ätherischen Öle sind stimulierend, wärmend und wirken antidepressiv.

Karotte 💋
Die seit der Antike in Europa, Asien und Nordafrika als Gemüsepflanze angebaute Karotte ist heute auf der ganzen Welt beliebt. Rohe Karotten fördern die Fruchtbarkeit. Der regelmäßige Genuss von rohen Karotten soll sogar Sterilität besiegen können. Daher wird die Karotte schon seit langem als Aphrodisiakum gepriesen.

Kartoffel 💋
Die im 16. Jahrhundert von Peru nach Europa gebrachte Kartoffel galt bis ins 19. Jahrhundert als Delikatesse, die nur den Reichen vorbehalten war. Diesem Umstand verdankt sie wohl ihren Ruf, abgeschlaffte Liebhaber wieder zu stärken. Die für uns so gewöhnliche und unscheinbare Knolle ist in jedem Fall ein überaus gesundes und vielseitiges Nahrungsmittel.

Koriander (Coriandrum sativum) 💋

Aus der Mittelmeerregion stammend, wo er seit dem Altertum kultiviert wird, findet man Koriander heute in den Küchen von Europa, Nordafrika, Südostasien, China sowie Zentral- und Südamerika. Die Koriandersamen haben ein wärmendes, würziges Aroma. Die Blätter besitzen einen unverkennbaren Geschmack. Koriander wirkt stimulierend, tonisierend und gilt seit je als Aphrodisiakum.

Kraftbrühe 💋 💋

Kraftbrühe (Consommé) verleiht Kraft, Wärme und Ausdauer. Die doppelte Kraftbrühe hat die doppelte Wirkung.

Kresse 💋

Die alten Griechen benutzten Kresse als Stimulans für Körper und Seele. Die Römer nannten das Kraut aus ebendiesem Grund «Impudica», das heißt «die Unzüchtige». Egal ob Brunnen-, Garten- oder Kapuzinerkresse, das Kraut ist eine Vitaminbombe und verhilft bei vorübergehender einseitiger Ernährung wieder zum Gleichgewicht.

Kürbis 💋 💋

Kürbis wird von den Indianern schon seit langem kultiviert und als Aphrodisiakum geschätzt. Die Zigeuner in Europa und auf dem Balkan konsumieren täglich Kürbiskerne. Kürbiskerne enthalten Substanzen, die Potenz und Fruchtbarkeit fördern. In manchen Gegenden gilt es als Einladung zu einem sexuellen Abenteuer, wenn Frauen Kürbiskerne knabbern. Männer sollten in fortgeschrittenem Alter als Vorbeugung gegen Frostatabeschwerden täglich eine Handvoll der kraftspendenden Kerne essen, vorzugsweise roh.

Lauch 💋

Die Griechen und Römer glaubten an die aphrodisischen Kräfte des Lauchs. Ob allein aufgrund der phallischen Form, steht nirgends geschrieben.

Liebstöckel (Levisticum officinale) 💋

Seit langem wird Liebstöckel in der Küche und in der Medizin benützt. Sowohl die Blätter wie auch die Wurzel gelten als Aphrodisiaka. Die Blätter haben einen interessanten, an Sellerie und Hefe erinnernden Geschmack. Übrigens: Auf Englisch heißt das Kraut Lovage.

Lorbeer (Laurus nobilis) 💋

Caesar schmückte sein Haupt mit einem Lorbeerkranz, um seinen Untertanen und vielleicht auch ganz besonders seinen Untertaninnen zu zeigen, dass er der größte und beste (auch im Bett?) ist. Heute ist das Gewürzkraut aus der ganzen europäischen Küche nicht mehr wegzudenken.

Muskatnuss (Myristica fragrans) 💋 💋

Der in Asien und Afrika heimische, heute aber im ganzen Tropengürtel kultivierte Muskatnussbaum ist einer der ältesten Kulturbäume. Die Muskatnuss ist eigentlich der Samen und die Muskatblüte der Samenmantel. Sie enthalten viele ätherische Öle in unterschiedlicher Konzentration. Zwei davon sind Safrol und das unter Umständen Halluzinationen hervorrufende Myristicin. Muskatnuss wird seit je als Aphrodisiakum und Hypnotikum eingenommen.

Nelke

Siehe Gewürznelke

Nüsse 💋

Nüsse sind Kraftpakete, vollgepackt mit Protein, Magnesium, Lezithin, Selen und Zink. Ein idealer Powersnack für zwischendurch. Da sie auch viel Fett enthalten, sollte man es aber nicht übertreiben.

Orange 💋

Die ursprünglich aus Südchina stammende Orange gelangte erst im 12. Jahrhundert nach Europa. Dank der in ihr enthaltenen Vitamine wird sie als sofort wirkende Energiequelle geschätzt. Sie vermittelt Wärme und Heiterkeit, ist also ein Aphrodisiakum der subtileren Art.

Pandanus, Schraubenpinie (Pandanus spp.) 💋 💋

Die in den Tropen weit verbreitete Schraubenpinie (auch Schraubenpalme oder Schraubenbaum genannt) wird in der Küche, der Medizin und in der Parfümherstellung vielfältig eingesetzt. In Neuguinea wird aus der Pandanusfrucht ein aphrodisierender Liebestrank hergestellt. In Südostasien verpackt man Hühnerfleisch, Froschschenkel oder Riesencrevetten in die hocharomatischen Blätter der Luftwurzeln. Ihr Geschmack erinnert an Nüsse, Ylang-Ylang und Knoblauch. Pandanusblätter sind in Asienläden erhältlich.

Petersilie (Petroselinum crispum) 💋 💋

Ursprünglich in Südeuropa beheimatet, ist die Petersilie heute weltweit verbreitet. Die Römer verabreichten den Gladiatoren täglich eine Ration Petersilie als Tonikum, um sie bei Kräften zu halten. Im Mittelalter wurde das Kraut Liebesgetränken beigemischt. Zudem war es Bestandteil der Hexen- oder Flugsalben, welche die Hexen angeblich für ihre erotischen Flugreisen auf dem Besen einrieben. Das für die sexuelle Stimulierung verantwortliche ätherische Öl Apiol ist in der Wurzel in höherer Konzentration enthalten als in den Blättern.

Pfeffer (Piper nigrum) 💋 💋
Pfeffer, auch «König der Gewürze» genannt, ist eines der ältesten und wichtigsten Gewürze überhaupt. Der Scharfmacher oder die Gier der Menschen danach hat den Lauf der Weltgeschichte nicht unwesentlich beeinflusst. Schwarzer Pfeffer besteht aus den ganzen, unreif geernteten, ungeschälten Früchten. Weißer Pfeffer dagegen wird aus den reifen, fermentierten und von der äußeren Schale befreiten Früchten gewonnen. Grüne Pfefferkörner werden unreif geerntet und in Lake eingelegt oder getrocknet. Alle Pfefferarten genießen den Ruf, ein wirksames Aphrodisiakum zu sein. In der ayurvedischen Medizin gilt der Lange Pfeffer (Piper longum) als das wichtigste Aphrodisiakum. In Indonesien und Teilen Indiens glaubt man vor allem an die Kraft des Kubebenpfeffers (Piper cubeba).

Pilze 💋
Als Eiweißspender sind die Pilze in den Kreis der erotisierenden Pflanzen aufgenommen worden. Zu ihrem Ruf hat zweifellos auch ihre Gestalt und die besondere Art beigetragen, wie sie aus dem Boden schießen.

Piment (Pimenta dioica) 💋 💋
Der auch Nelkenpfeffer, Jamaikapfeffer, Neugewürz, Viergewürz oder Gewürzkorn genannte Piment gedeiht in Mittelamerika und in der Karibik und gelangte im 16. Jahrhundert mit den spanischen Seefahrern nach Europa. Die getrockneten Früchte besitzen einen scharfen Geschmack, der an Gewürznelke, Zimt und Muskat erinnert, weshalb sie auch «Allspice» oder Viergewürz genannt werden. Piment bringt Feuer ins Herz und in den Körper.

Pistazien 💋
Siehe Nüsse

Quitte 💋
Seit dem Altertum gilt die Quitte als Delikatesse. Sie ist wie Apfel und Granatapfel der Aphrodite heilig und ein Symbol der Fruchtbarkeit. Da sie die Liebeslust in Schwung bringt, war die Quitte lange Zeit fester Bestandteil des Hochzeitsbrauchtums.

Radieschen 💋
Siehe Rettich

Safran (Crocus sativus)

Schon seit über viertausend Jahren wird Safran in China, Indien und Persien als Heilpflanze, Farb- und Aromastoff genutzt. Im alten Griechenland wurde er von den Frauen zur Steigerung der Libido angewendet. In Persien sagte man ihm potenzfördernde Kräfte nach. In Europa gewann er nach den ersten Kreuzzügen im 11. Jahrhundert an Bedeutung, als er auch hier kultiviert wurde. Safran ist das teuerste Gewürz der Welt. Es wird von Hand aus den Staubfäden oder Blütenstempeln der Blüten gewonnen.

Schafgarbe (Achillea millefolium)

Die in Eurasien und Nordamerika gedeihende Schafgarbe wurde von den meisten Völkern als Universalheilmittel geschätzt und genutzt. Im chinesischen I Ging, dem Buch der Wandlungen, werden Schafgarbenstengel zum Wahrsagen verwendet. Die Indianer brauen Schafgarbentee, der anregend und aphrodisierend wirkt.

Schalotte

Siehe Zwiebel

Schokolade

Schokolade ist die perfekte Mischung ausgewählter Zutaten. Sie wärmt, macht Herz und Seele weich und «Zauberstäbe» hart. Sie macht ganz einfach glücklich.

Sellerie

Sellerie ist wohl das bekannteste pflanzliche Aphrodisiakum in unseren Breitengraden und ist als solches und als gesunde Pflanze für die Küche und in der Medizin schon seit Jahrtausenden begehrt. Man fand Sellerie im Grab von Tutanchamun. Auch die Griechen und Römer benutzten ihn rege. Heute wird er weltweit als vielseitiges Gemüse geschätzt. Man kann die Wurzel, die ganze Pflanze und die Samen verwenden. Ein Selleriesalat soll die Liebeslust besonders anregen. Zu empfehlen ist auch ein Salat aus Sprossen, die man aus Selleriesamen selbst ziehen kann. Selleriesamen, in kleinen Mengen über die Speisen gestreut, verleihen Suppen, Salaten und Schmorgerichten eine interessante Note.

Senf (Brassica nigra)

Als Gewürz und Gemüse ist Senf schon seit Jahrtausenden bekannt. Er wird auch für medizinische Zwecke genutzt. Dem Senf wurden seit alten Zeiten lustfördernde Qualitäten nachgesagt. Deshalb war er, wie die Zwiebel, in den Klöstern verboten. Man unterscheidet drei verschiedene Arten: den weißen (amerikanischen), den schwarzen (französischen) und den indischen Senf. Der englische Senf ist eine Mischung. Im Handel gibt es eine große Vielfalt von Senfzubereitungen.

Sesam (Sesamum indicum)

Ursprünglich aus Afrika stammend, war der Sesam schon zweitausend Jahre vor Christus in ganz Asien und im Vorderen Orient populär. In Indien wurde er in religiösen Zeremonien eingesetzt. Die Sesamsamen werden ganz gelassen, gemahlen oder zu Öl gepresst. In der ayurvedischen Medizin gilt der Sesam als erstklassiges Verjüngungsmittel, er wirkt allgemein stimulierend und wärmend. Traditionell wurde Sesam auch als Abtreibungsmittel eingesetzt.

Sonnenblume

Vor dreitausend Jahren kultivierten die Indianer in Mexiko die Sonnenblume. Sie benützten alle Teile der Pflanze zu kulinarischen und medizinischen Zwecken. Die Blütenblätter wurden ausgekocht und das Getränk als Aphrodisiakum genossen. Im 16. Jahrhundert kam die Sonnenblume nach Europa und wurde insbesondere in Osteuropa und Russland im großen Stil zur Ölproduktion verwendet. Heute ist es eines der am meisten verbreiteten Speiseöle. Öl und Kerne wirken anregend. Die Sonnenblume ist Sonnenkost.

Spargel

Der ursprünglich aus dem Mittelmeergebiet und aus Kleinasien stammende Spargel wird seit über zweitausend Jahren als Gemüse und Heilmittel angebaut. Die knackige Stange galt schon immer als gesundheitsfördernd und als Aphrodisiakum par excellence. Allein schon die Art, wie der phallische Stengel aus dem Boden stößt, ist ein erotischer Anblick. Und die Köstlichkeit dann von Hand zu genießen bereitet genüsslich auf andere Höhepunkte vor.

Sprossen

Sprossen sind die gekeimten Samen. Sie enthalten Vitalstoffe in hoher Konzentration und sind daher der Gesundheit und Vitalität besonders zuträglich. Sprossen lassen sich ganz einfach selbst ziehen.

Süßholz (Glycyrrhiza glabra)

Süßholz oder Lakritze wird seit Jahrtausenden medizinisch genutzt. Es ist ein fester Bestandteil in der traditionellen chinesischen wie auch in der ayurvedischen Medizin. Es gilt unter anderem als Verjüngungsmittel und ist bei Frauen ein beliebtes Aphrodisiakum. Süßholz ist in Drogerien oder Apotheken erhältlich.

Tabasco
Ein himmlischer Scharfmacher, der «süchtig» machen kann.

Tee
Tee wird in China seit über dreitausend Jahren kultiviert. Beim grünen Tee werden die Blätter gedämpft und getrocknet, die Blätter des schwarzen Tees werden zudem noch fermentiert. Tee ist wie Kaffee ein Anregungs- und Erfrischungsgetränk. Da das Koffein oder Thein im heißen Wasser gut löslich ist, wird es innerhalb von ein bis zwei Minuten freigesetzt. Lässt man den Tee länger ziehen, lösen sich auch die Gerbstoffe, die dann im Magen die Aufnahme des Koffeins verhindern. Wenn Sie also einen anregenden Tee wünschen, lassen Sie ihn nur kurz ziehen. Für einen aphrodisierenden Tee geben Sie aphrodisische Gewürze nach Ihren Vorlieben dazu, zum Beispiel Ingwer, Kubeben, Nelken.

Tomate
Die Tomate stammt aus Amerika und wurde von den Spaniern nach Europa gebracht. Da sie eine seltene und exklusive Delikatesse war, wurde sie bald zum Liebesapfel oder Paradiesapfel. Dazu trugen sicherlich auch ihr sattes Rot und ihre pralle Form bei.

Trüffel
Bereits im antiken Rom wurde die Trüffel als Aphrodisiakum und Delikatesse hoch geschätzt. Und auch heute noch wissen Liebhaber der edlen Knolle ihre Wirkung auf ihre Angebeteten zu würdigen. Wer der Trüffel verfallen ist, weiß, wovon ich rede.

Vanille (Vanilla planifolia)
Die Vanille wächst wild nur in den Regenwäldern von Zentralamerika, wird aber heute in vielen tropischen Ländern kultiviert. Die Blüten müssen von Hand bestäubt werden. Die Vanilleschote oder -stange ist die Frucht, die durch Fermentation ihr Aroma entfaltet. Den mexikanischen Indianern ist die Pflanze heilig. Die spanischen Eroberer lernten sie bei den Azteken kennen und brachten sie im 16. Jahrhundert nach Europa. Die Indianer würzten ihren Kakao mit Vanille. Die Vanille ist ein beliebtes Aphrodisiakum, das ebenso besänftigend wirkt.

Wein 💋 💋

Die Weinrebe wurde schon vor über viertausend Jahren von den Ägyptern kultiviert. Die Griechen verehrten den Weingott Dionysos, den Liebhaber Aphrodites. Bei den Römern wurde aus Dionysos Bacchus und aus Aphrodite Venus. Wenn sie zu einem Fest einluden, wurden daraus unweigerlich bacchantische Gelage oder Dionysien. Der Wein floss in großen Mengen, und Liebe konnte man gratis und à discretion haben. Auch heute noch spielt Wein eine wichtige Rolle als Enthemmer. Wie locker und gelassen man sich doch nach einem oder zwei Gläschen Wein fühlt! Und das ist auch gut so. Doch ein Wort der Warnung: Wein wird zum eindeutigen Anaphrodisiakum, wenn Sie Ihre Nervosität mit zu viel davon ertränken wollen. Dann verfallen Sie in einen sinnesbetäubenden Rausch und verpassen wunderbare erotische Stunden!

Weizen 💋 💋

Hinweise legen nahe, dass schon siebentausend Jahre vor Christus in Anatolien Weizen angebaut wurde. Heute ist Weizen das bedeutendste Getreide. Neben anderen Wirkstoffen enthält Weizen Vitamin E, das die Sexualorgane stärkt und somit unentbehrlich für unser Liebesleben ist. Ein Hinweis für Frauen: Raffinierter Weizen kann zu Scheidenpilz führen. Neben anderen offensichtlichen Gründen ist dies ein weiterer, der für Vollkornprodukte spricht. Doch eine kleine «Sünde» ab und zu macht das Leben süß.

Wermut (Artemisia absinthium) 💋 💋

Der auf fast allen Erdteilen wachsende Wermut war schon seit biblischen Zeiten ein Heilmittel. Die Gattung ist der griechischen Mondgöttin Artemis (im alten Rom Diana) geweiht. Auch in China und bei den Indianern, welche die Blätter rauchten, genoss die Pflanze großes Ansehen. Absinth, aus Brandy, Wermut, Fenchel, Anis und Majoran hergestellt, war das Modegetränk der Bohemiens des 19. Jahrhunderts, eine Quelle künstlerischer Inspiration und ein geschätztes Aphrodisiakum. Die Hauptwirkstoffe sind Absinthin, ein betäubendes Schmerzmittel, und Thujon, die psychedelisch und toxisch sein können.

Wildreis 💋

Wildreis ist gar kein Reis, sondern der Samen eines schilfartigen Wassergrases, das in den Sumpf- und Seegebieten Nordamerikas wächst. Die Indianer kennen die aphrodisische Kraft des Wildreises schon seit Jahrhunderten.

Ylang-Ylang (Cananga odorata) 💋 💋 💋

Der Ylang-Ylang-Baum wächst im feuchtwarmen Klima der Philippinen. Die Blüte verbreitet eine weiche, süße und erotische Stimmung. In der Aromatherapie spielt es eine wichtige Rolle, unter anderem auch als Aphrodisiakum. Das duftende Öl hilft als Badezusatz bei Impotenz oder Frigidität. Mischt man es mit Kokosnussöl, erhält man eine erotisierende Bodylotion.

Zimt (Cinnamomum zeylanicum) 💋

Zimt war schon im dritten Jahrtausend vor Christus als Heilmittel bekannt und wurde auch seit je als Aphrodisiakum eingesetzt. Die getrocknete Rinde oder das daraus gewonnene Pulver wird in der Küche für Süßspeisen, Getränke und in Currygerichten verwendet. Das aus den Blättern und Zweigen gewonnene Zimtöl findet in der Parfümherstellung Verwendung. Der Duft verbreitet emotionale und erotische Wärme

Zucchini 💋

Die Zucchini ist mit dem Kürbis verwandt und hat die gleichen Vorzüge. Außerdem beflügelt ihre phallische Form die Fantasie der Menschen seit je.

Zwiebel 💋 💋

Die Zwiebel ist eine der ältesten kultivierten Pflanzen und neben Knoblauch das wichtigste Aphrodisiakum. Im alten Ägypten war es den Priestern untersagt, Zwiebeln zu essen, auch Hindus waren sie verboten, und bei uns waren sie jahrhundertelang aus den Klöstern verbannt und jungen Mädchen versagt. Das hatte einen guten Grund: Der Genuss von Zwiebeln heizt die Libido an und stärkt die Sexualorgane. Sie wirken roh oder gekocht, wobei der Genuss von rohen Zwiebeln den gleichen Nachteil hat, wie wir ihn schon vom Knoblauch kennen. Daher sollte man diesen Genuss immer mit seinem/seiner Liebsten teilen.

Aphrodisiaka aus der Apotheke

Die folgenden Aphrodisiaka sind in Apotheken, die auf Heilpflanzen spezialisiert sind, oder im Ethnobotanikhandel erhältlich. Aus den Kräutern bereitet man nach Anweisung einen Tee zu, den man trinkt oder als Grundlage für eine Sauce verwenden kann. In meinem Buch »Rezepte der Liebe« finden Sie dazu viele Rezepte.

Catuaba (Erythroxylum catuaba, Erythroxylum vacciniifolium)
Catuababäume sind in den tropischen Regenwäldern Nord- und Zentralamerikas beheimatet. Sie gehören wie der Kokastrauch zur gleichen Familie der Rotholzgewächse, enthalten aber kein Kokain. Es wird nur die Rinde genutzt, die schnell wieder nachwächst. Die Tupiindianer nennen ihn »Guten Baum«. Die belebende, stärkende und aphrodisierende Wirkung wird seit je geschätzt und gab dem Catuaba den Übernamen «Liebeszauber». In Brasilien sagt der Volksmund: Zeugt ein Mann bis zum Alter von sechzig Jahren ein Kind, dann war er es. Ist er älter, war es Catuaba.

Damiana (Turnera diffusa)
Dieses eher unscheinbare Kraut ist ein altes indianisches Aphrodisiakum, das heute in Kalifornien zu kommerziellen Zwecken im großen Stil angebaut und als lustförderndes Mittel verkauft oder verarbeitet wird.

Dattelpalme (Phoenix dactylifera)
Die Palme wurde schon vor 8000 Jahren in Mesopotamien angebaut und ist somit eine der ältesten kultivierten Pflanzen. Die Datteln wurden zu Süßspeisen oder aphrodisischen Leckerbissen verarbeitet. Aus dem Baum wurde ein Saft gewonnen, der zu einem Rauschtrank vergoren wurde. Dieser Dattelwein wurde bei religiösen und erotischen Ritualen gerne in großen Mengen getrunken. Die Früchte bekommt man im Lebensmittelgeschäft, den Palmwein im Asienladen.

Fo-ti-tieng (Hydrocotyle asiatica minor)
In China verwendet man Fo-ti-tieng, auch bekannt unter den Namen asiatischer Wassernabel, Gotu kola oder Elixier der Langlebigkeit, seit über tausend Jahren als Heilmittel. In Sri Lanka essen viele Leute täglich von dieser Pflanze, um ihre Gesundheit zu stärken und ihr Leben zu verlängern. Ein französischer Biochemiker entdeckte, dass der Wasserschnabel ein Alkaloid enthält, das tatsächlich verjüngende Eigenschaften besitzt und die Nebennieren stimuliert. Wie Ginseng soll es regelmäßig eingenommen werden. Um eine aphrodisische Wirkung zu erzielen, nimmt man es täglich in größeren Mengen ein, das heißt ungefähr 1 bis 2 Esslöffel vom getrockneten Kraut.

Ginkgo (Ginkgo biloba)
Der Ginkgo gilt als lebendes Fossil, denn die heutigen Bäume unterscheiden sich kaum von den 240 Millionen Jahre alten Fossilien. Er stammt aus China und Japan und ist dort heilig. Die Samen werden seit langem in der chinesischen Medizin verwendet. Die west-

liche Medizin setzt die Blätter bei Kreislaufstörungen und Gehirninsuffizienz ein. Klinische Studien belegen bei regelmäßiger Einnahme eine viagraähnliche Wirkung. In Japan werden die gerösteten unreifen Samen als Aphrodisiakum für Männer genossen. Isst jemand in der Öffentlichkeit Ginkgosamen, gibt er zu verstehen, dass er Lust auf ein sexuelles Abenteuer hat.

Ginseng (Panax ginseng: koreanischer Ginseng; Panax quinquefolius: amerikanischer Ginseng) 💋 💋 💋

Der Ginseng ist sowohl in Ostasien wie in Nordamerika beheimatet. Er ist wohl das berühmteste und begehrteste Allheilmittel und Aphrodisiakum Asiens. Bei uns ist Ginseng vor allem als Geriatrikum beliebt. Heute wird er in Korea, China, Russland und den USA kommerziell kultiviert. Ginseng bedeutet so viel wie Menschenwurzel, weil die Wurzel menschenähnliche Formen aufweist. Sieht eine Wurzel männlich aus, ist sie ein Aphrodisiakum für Männer. Hat sie weibliche Formen, soll sie von Frauen genossen werden. In China sollten Kinder noch keinen Ginseng essen, da er zu viel Hitze produziert. Der brasilianische Ginseng (Pfaffia paniculata) wird auch »Para todo« (»für alles«) genannt und dient den Einwohnern seit langem als Aphrodisiakum und Allheilmittel.

Guarana (Paullinia cupana) 💋 💋 💋

Die Guaranaliane ist im Amazonasgebiet heimisch. Die Samen, oft «Früchte der Jugend» genannt, enthalten bis zu 7% einer koffeinähnlichen Verbindung, des Guaranins. Guaranin macht im Gegensatz zu Koffein nicht süchtig. Zudem wirkt es milder und der Effekt hält länger an. Die Lianen werden seit Jahrhunderten von den Einwohnern gesammelt, geröstet und pulverisiert. Das Pulver wird mit Wasser zu einer dicken Paste verarbeitet, zu Stangen geformt und in der Sonne getrocknet. Diese Guaranabrote werden von den Einheimischen als Nahrungsersatz auf die Jagd und auf Reisen mitgenommen. So können sie zwei bis drei Tage ohne Essen auskommen. Oft wird das Pulver auch zu stark anregenden Getränken verarbeitet. Heutzutage wird Guarana von der Lebensmittelindustrie in Getränken, Schokolade und Schlankheitsmitteln auf den Markt gebracht. Das erklärt auch, weshalb die Guaranalianen in Plantagen kultiviert werden.

Kalmus (Acorus calamus) 💋 💋

Diese Sumpfpflanze kommt nahezu auf der ganzen Welt vor. Die Verwendung der Kalmuswurzel als Heilmittel und Stimulans kannte man sowohl in Asien als auch in Amerika. Die Wurzel wird entweder gekaut oder als Pulver geraucht. Sie wird auch als Tee oder in Alkohol abgekocht. Die Kalmuswurzel wird eingenommen gegen Müdigkeit, um den Hunger zu stillen und um die Vitalität zu steigern. Sie enthält einen dem Meskalin ähnlichen Wirkstoff. In geringer Menge genossen, wirkt es wie ein Stimulans, in größeren Mengen eingenommen ist es ein Halluzinogen. Ein Kalmus-Kräuterbad soll erotisch stimulierend wirken.

Kolanuss (Cola nitida)

Der Kolanussbaum ist in Zentralafrika beheimatet. Die Einwohner benutzten die Kolanüsse (die Samen aus der Frucht) von jeher als Stimulans bei Erschöpfung, Hunger oder Durst und als Aphrodisiakum. Für die besten Resultate wurden die Nüsse gekaut. Die Kolanuss war so wertvoll, dass sie als Zahlungsmittel eingesetzt wurde. Sie enthält 1,25–2,4 % Koffein. Heute werden die Extrakte Erfrischungsgetränken beigegeben.

Meerträubel (Ephedra sinica oder nevadensis)

Meerträubel oder chinesisch Ma-huang ist eine der ältesten Heilpflanzen der Welt. Man fand Überreste davon in Gräbern der Neandertaler. Das Kraut wirkt stimulierend, zentral erregend und befreiend auf die Atemwege. Anhänger der Mormonensekte, sonst strikte Drogengegner, verwenden Meerträubel als Stimulans.

Muira-Puama (Liriosma ovata)

Der Muira-Puama-Baum wächst im Amazonasgebiet. Schon seit Jahrhunderten werden Holz und Rinde von den Eingeborenen genutzt. Das Potenzholz wird entweder gekaut oder in Wasser oder Alkohol ausgekocht. Muira-Puama enthält ein unbekanntes Harz, das sich wunderbar auf die Libido auswirkt.

Muskatellersalbei (Salvia sclarea)

Die Muskatellersalbei ist seit dem Altertum bekannt. Laut Dioskurides, dem griechischen Pharmakologen, soll sie mit Wein gemischt als Liebestrank genossen werden. Muskatellersalbei wirkt euphorisierend und aphrodisierend.

Saflor (Carthamus tinctorius)

Saflor ist auch unter den Namen Färbersaflor, Färberdistel, wilde Safrandistel und falscher Safran bekannt. Die Pflanze wurde in ägyptischen Gräbern gefunden, die 3500 Jahre vor Christus errichtet worden sind. Sie ist seit je ein begehrtes Färbemittel für Stoffe und Lebensmittel. Die Kleider buddhistischer Mönche und Nonnen werden traditionsgemäß mit dem Saflor gefärbt. Heutzutage erlebt die Färberdistel als Speiseöl einen wahren Boom, weil es einen hohen Anteil an mehrfach ungesättigten Säuren hat und den Cholesterinspiegel günstig beeinflusst. Zudem ist es reich an Linolsäure. Die Samen ergeben ein höchst wirksames Aphrodisiakum. Ein Getränk daraus verhilft zu Turboleistungen im Bett und verbessert die Samenqualität.

Schisandra-Früchte (Schisandra chinensis)

Schisandra, auch Spaltkörbchen oder Beerentraube genannt, ist eine Pflanzengattung aus der Familie der Sternanisgewächse. Die roten Beeren, die auch gut zum Kochen verwendet werden können, zählen zu den ältesten tonischen Mitteln der chinesischen Medizin; sie haben eine regenerierende und leistungsstärkende Wirkung. In China gelten Schisandra-Beeren als ein sexuelles Stärkungsmittel für beide Geschlechter.

Anaphrodisiaka

Was Sie vor einem amourösen Rendez-vous nicht einnehmen sollten:

Alkohol
Ein Gläschen in Ehren stimuliert und wirkt erotisierend. Ein paar Gläschen zu viel bewirken das pure Gegenteil.

Baldrian (Valeriana officinalis)
Baldrian wurde schon von den alten Griechen als Heilmittel geschätzt. Noch heute dient er zur Behandlung von Schlaflosigkeit, Angstzuständen und Hysterie. Oft wird er zusammen mit Hopfen angewendet.

Blattsalat
Salat wirkt lustdämpfend. Wobei natürlich seine gesundheitlichen Vorzüge ausdrücklich nicht in Frage gestellt werden sollen. Der Sage nach soll Venus, als Adonis starb, ihren von der Trauer gepeinigten Körper auf einem Bett von Salatblättern gekühlt haben.

Chicorée
Obwohl Chicorée viele gesundheitliche Vorzüge aufweist, hat er in der aphrodisischen Küche keinen Platz.

Feldsalat, Ackersalat, Nüsslisalat
Dieser Salat ist mit dem Baldrian verwandt. Er wirkt beruhigend und kühlend und gehört deshalb auf keine aphrodisische Speisekarte.

Gurke
Trotz ihrer phallischen Form wirkt die Gurke wie Blattsalat lustdämpfend. Sie hat kühlende Eigenschaften, welche die Körperfunktionen im Allgemeinen auf Sparflamme setzen.

Hopfen (Humulus lupulus)
Hopfen wurde traditionell bei Schlaflosigkeit und Reizbarkeit eingenommen und ist in der abendländischen Medizin getrocknet ein Bestandteil von Schlafmitteln.

Kampfer (Cinnamomum camphora)
Kampfer wurde früher «liebestollen» Frauen eingegeben, um ihre Sexbesessenheit zu drosseln.

Koffein
Koffein ist ein Nerventonikum, aber kein Sexualtonikum. Es kann sich bei einigen Menschen negativ auf die Libido auswirken.

Kokain

Wer über lange Zeit regelmäßig Kokain konsumiert, schädigt sein Nervensystem, was unweigerlich zu sexuellem Unvermögen führt.

Mönchspfeffer (Vitex agnus-castus)

Mönchspfeffer wird im Volksmund auch Keuschbaum oder Keuschlamm genannt, weil er angeblich den Geschlechtstrieb abschwächt. Er diente schon den Priesterinnen im antiken Griechenland als Keuschheitspflanze. Im Mittelalter wurde er zum Symbol des enthaltsamen Mönchslebens.

Nikotin

Tabak ist eines der stärksten Anaphrodisiaka. Nikotin wirkt gefäßverengend; es ist nicht nur allgemein gesundheitschädigend, sondern beeinträchtigt auch die Durchblutung der Geschlechtsteile, die für eine gute sexuelle Funktion nötig ist. Kettenraucher werden nicht selten frühzeitig impotent.

Weinraute (Ruta graveolens)

Als Universalheilmittel galt die Weinraute als Schutz gegen alle Gifte, Geister, den Teufel und vor dem bösen Blick. In Italien steht die Pflanze auch im Ruf, die Keuschheit bewahren oder schützen zu helfen. Heute wird sie aber fast nur noch als dekorative Zierpflanze angebaut.

Und vergessen Sie nicht:

Es gibt auch noch weitere Anaphrodisiaka, die zwar nichts mit der Ernährung zu tun haben, unser Leben und unseren Alltag aber oft stark bestimmen und damit auch unser Liebesleben beeinträchtigen. Dazu zählen etwa Alltagstrott, Angst, Beziehungsprobleme, Depressionen, Eifersucht, finanzielle Probleme, Griesgrämigkeit, Kleinlichkeit, Krankheiten, Neid, Prüderie, Stress, Unzufriedenheit und Zeitmangel.

Zu den Rezepten

- **Balsamico cremoso** oder **Crema di balsamico** ist die jüngste Balsamico-Kreation. Dieser stark eingekochte Balsamicoessig, den es als dunkle oder helle Variante gibt, schmeckt fruchtig-mild und eignet sich wunderbar zum Verfeinern von Fisch, Geflügel, Fleisch, Gemüse und Früchten. Man kann ihn pur kalt oder warm als Sauce oder Dip verwenden. Er eignet sich auch als Würzmittel oder zur Garnitur.
- **Bioprodukte** kaufen, Ihrer Gesundheit zuliebe. Heute nimmt ein Mensch jährlich durch die konventionelle Nahrung durchschnittlich 2,5 kg Chemikalien zu sich.
- **Bouillon** (Fleisch-, Geflügel- oder Gemüsebrühe): Einfach Bouillonpulver oder -würfel ohne Zugabe von Wasser zu den Speisen geben. Dies ersetzt die Reduktion.
- **Chilischoten** verwende ich in den Rezepten in der Regel entkernt. Nur wer wirklich feurige Gerichte mag, kann sie in den Gerichten auch mitverwenden.
- **Fleisch garen:** Zum sanften Garen von Fleisch empfiehlt es sich, ein Ofenthermometer zu benützen. Die Anzeige am Backofen kann sehr ungenau sein. Kleine Fleischstücke mit Niedertemperatur bei 70 Grad, große bei 80 Grad garen. Wenn die Garzeit abgelaufen ist, die Temperatur zum Warmhalten auf 60 Grad reduzieren.
- **Frühlingszwiebeln** im Asienladen oder im gut sortierten Supermarkt mit asiatischen Frischprodukten kaufen. Sie sind feiner und eleganter als die hiesigen.
- **Gemüse blanchieren:** Grünes Gemüse in kochendem Salzwasser (25 g pro Liter Wasser) knapp weich garen, dann kalt abschrecken. So erhält es eine intensiv grüne Farbe, und seine gesunden Inhaltsstoffe bleiben erhalten.
- **Gewürze:** Am besten ganz kaufen und nach Bedarf trocken rösten, bis sie fein duften. Dann im Cutter oder Mörser mahlen. Verschlossen und lichtgeschützt aufbewahren.
- **Samen und Kerne** immer gleich in größerer Menge rösten und im Kühlschrank aufbewahren. So sparen Sie Zeit und haben immer welche zur Hand.
- **Tomaten schälen:** Wasser aufkochen, den Stielansatz der Tomate entfernen, die Tomaten 15 Sekunden ins heiße Wasser geben, herausnehmen, kurz in kaltem Wasser abkühlen und mit einem scharfen Messer die Haut abziehen. Pfirsiche, Trauben, Saucenzwiebeln und Mandeln lassen sich auf dieselbe Weise schälen.
- **Wasabipaste** ist eine scharfe, hellgrüne Gewürzpaste aus einer meerrettichähnlichen japanischen Wurzel, auch Japanischer Meerrettich genannt, der aber um einiges schärfer ist als unser hiesiger Meerrettich. Die Paste ist in Tuben in gut sortierten Lebensmittelgeschäften oder im Asienladen erhältlich. Sie ist eine klassische Beigabe zu Sushi.
- **Zitrone,** abgeriebene Schale: Im Handel gibt es spezielle Zitronenreiben zu kaufen. Es geht aber auch mit einer normalen Käsereibe.
- **Zu den Maßangaben:** 1 Esslöffel = 15 ml, 1 Teelöffel = 5 ml, 100 ml = 1 dl = 0,1 l, 250 ml = 2,5 dl = $^1/_4$ l

Sämtliche Rezepte sind, sofern nicht anders vermerkt, für 2 Personen berechnet.

Ouvertüre in

Häppchen

Es(s)-Dur

Meine liebste Tageszeit ist die »blaue Stunde«, wenn die Dämmerung sanft in die Dunkelheit hinübergleitet. Es war genau in diesem magischen Moment, als ich einst den ersten richtigen Kuss bekam. Ich wusste nicht, wie mir geschah. Ein Vulkanausbruch schien nichts im Vergleich zur Flutwelle, die meinen ganzen Körper erfasste und mich fast in Ohnmacht stürzte. Kurz danach – inzwischen hatte ich mich wieder etwas beruhigt – waren wir bei meiner Freundin zu einer Geburtstagsparty mit Häppchen eingeladen. Meine leuchtenden Augen und die hochroten Wangen müssen Bände gesprochen haben ...

Gelb-würzige Pouletbällchen

200 g Pouletfleisch, doppelt geschnetzelt
20 g Cashewnüsse, grob gehackt, trocken
    geröstet
½ Schalotte, sehr fein gehackt
½ Knoblauchzehe, gepresst
etwas Ingwer, frisch gerieben
½ Teelöffel Kurkuma
½ Teelöffel Currypulver
½ Teelöffel grobkörniger Senf
Salz, Pfeffer aus der Mühle
2 Teelöffel gehacktes Koriandergrün

1 Esslöffel Erdnussöl zum Braten
Currysauce (Seite 140) oder Mango-Chutney
    aus dem Glas

Das Pouletfleisch mit allen weiteren Zutaten mischen und daraus Bällchen von etwa 20 g formen. Das Öl erhitzen und die Pouletbällchen bei nicht zu starker Hitze gar braten.
Dekorative Zahnstocher in die Bällchen stecken und diese zusammen mit Mango-Chutney zum Aperitif oder als kleine Mahlzeit zu einem Salat servieren.

PS. Es lohnt sich, die Bällchen gleich in größerer Menge herzustellen. Legen Sie sie die fertig geformten, aber noch nicht gebratenen Bällchen auf ein Blech und frieren Sie sie ein. Sobald sie gefroren sind, in einen Tiefkühlbeutel geben. So haben Sie jederzeit im Nu einen aparten Happen zum Aperitif zur Hand.

Marinierte Riesencrevetten-spieße

½ Zitrone, abgeriebene Schale und Saft
½ Knoblauchzehe, gepresst
½ Teelöffel Sambal Oelek
1 Prise Salz
8 Riesencrevetten, gekocht
4 grüne Oliven, mit roter Peperoni gefüllt,
    halbiert

Zitronensaft und -schale mit Knoblauch, Sambal Oelek und Salz mischen und die Riesencrevetten darin mindestens 1 Stunde marinieren.
Dann die Riesencrevetten aus der Marinade nehmen, am dicken Ende mit einem kurzen Cocktailspießchen durchstechen, jeweils eine halbe Olive aufspießen und dann am Schwanzende, wo der harte Schalenteil beginnt, nochmals durchstechen. Bis zum Servieren kühl, aber nicht zu kalt stellen.
Die Riesencrevettenspieße mit einem Dip nach Wahl servieren, z.B. Mandel-Sesam-Sauce (Seite 140), Cocktail-Dip, Meerrettich-Dip oder Currysauce (Seite 140).

Marinierte Pouletsatays mit Erdnusssauce

150 g Pouletbrüste
1 Teelöffel Honig
½ Knoblauchzehe, gepresst
1 Teelöffel frisch geriebener Ingwer
2 Prisen Fünf-Gewürze-Pulver
1 Teelöffel dunkle Sojasauce
1 Teelöffel helle Sojasauce
½ Teelöffel Sesamöl
Pfeffer aus der Mühle

Erdnusssauce:
2 Esslöffel Erdnussbutter
Sambal Oelek nach Gusto
3–5 Esslöffel Milch

1 Esslöffel Erdnussöl zum Braten

Die Pouletbrüste quer in Streifen von knapp 1 cm Breite schneiden. Den Honig mit den übrigen Würzzutaten vermischen und die Pouletstreifen darin vorzugsweise über Nacht marinieren.
Die Zutaten zur Erdnusssauce zu einer sämigen Konsistenz verrühren.
8 Bambusspießchen etwa 10 Minuten in Wasser einweichen. Die Pouletfleischstreifen wellenförmig auf die Spieße stecken und diese auf beiden Seiten im heißen Öl bei nicht zu starker Hitze braten (der Honig brennt leicht an); dabei etwa zweimal wenden.

Die Satays mit der Erdnusssauce zum Aperitif servieren.

PS. Für mich ist das Fünf-Gewürze-Pulver in diesem Rezept unverzichtbar. Es hat einen unvergleichlichen Geschmack.

PPS. In Malaysia bereitete ich mit dieser Marinade oft Pouletflügelchen zu – schmeckt auch wunderbar. In meinem Catering wechselte ich dann zu Satayspießchen, da diese bei Stehapéros einfacher zu essen sind.

Roastbeef-Rollen mit Meerrettich-Wasabi-Füllung

3 Esslöffel Meerrettich-Doppelrahmfrischkäse (Cantadou)
½–1 Teelöffel Wasabipaste (aus der Tube)
1 Prise Salz
10 Scheiben Roastbeef

Den Frischkäse mit Wasabi und Salz mischen, in einen Spritzsack mit Lochtülle (1 cm Durchmesser) füllen und als Streifen quer auf die Roastbeefscheiben spritzen. Die Scheiben aufrollen und die offene Kante mit dekorativen Cocktailsticks fixieren.

Austern, überbacken mit Rahm und Noilly Prat

10–12 Austern
50 ml Noilly Prat (trockener Wermut)
50 ml Rahm
wenig Muskatnuss, frisch gerieben
Kochsalz
grobes Himalaya- oder Meersalz als Garnitur

Den Ofen auf Grillstufe oder auf 250 Grad Oberhitze vorheizen.
Noilly Prat und Rahm mit Muskatnuss mischen.
Die Austern vorsichtig öffnen, den Saft abgießen und allfällige Schalensplitter entfernen. Die Austernschalen möglichst waagrecht auf ein Bett von Kochsalz auf ein Blech setzen, die Austern mit der Wermut-Rahm-Mischung beträufeln und in der oberen Hälfte des Ofens 5–6 Minuten überbacken.
Himalaya- oder Meersalz auf die Teller streuen, die überbackenen Austern daraufsetzen und heiß zu einem Glas Champagner oder gutem Weißwein servieren.

Zwetschgen im Speckmantel

6–8 frische Zwetschgen, entsteint
6–8 Rosmarinzweige, etwa 8 cm lang
6–8 Speckscheiben
Crema di Balsamico als Dip

In jede Zwetschge einen Rosmarinzweig legen und mit den Speckscheiben umwickeln. Bei mittlerer Hitze in der Bratpfanne rundum knusprig braten. Zusammen mit Crema di balsamico als Dip servieren.

PS. Anstelle der Rosmarinzweige können Sie die Zwetschgen mit je einer Baumnusshälfte füllen. Nach Belieben mit einem Zahnstocher befestigen.

PPS. Wenn keine Zwetschgen verfügbar sind, eignen sich auch Naturdatteln oder Pflaumen, die ebenfalls vorzüglich schmecken.

Tomaten-Tapenade

100 g halb getrocknete oder getrocknete
   Tomaten in Öl, leicht abgetropft
20 g Kapern
1 Knoblauchzehe

PS. Die Tapenade hält sich im Kühlschrank 1 bis 2 Wochen

PPS. Nach Belieben ver

Zum

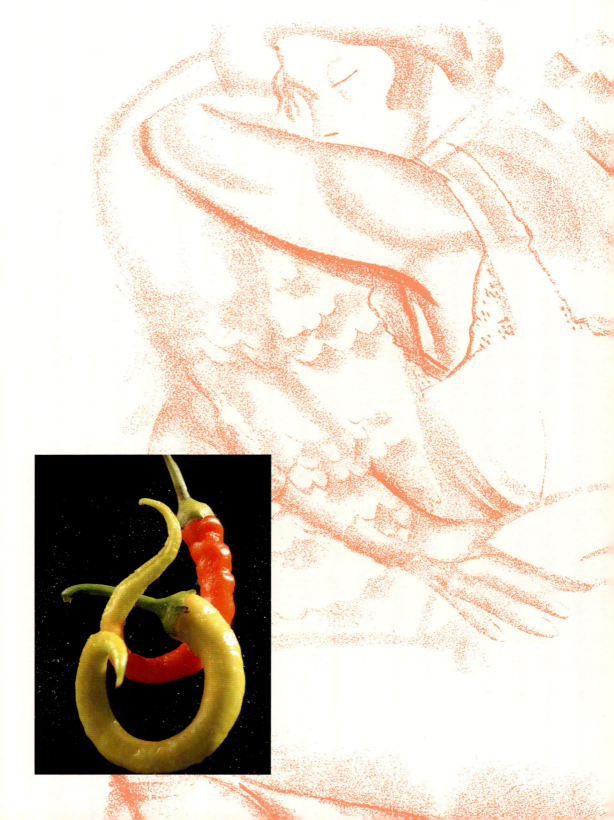

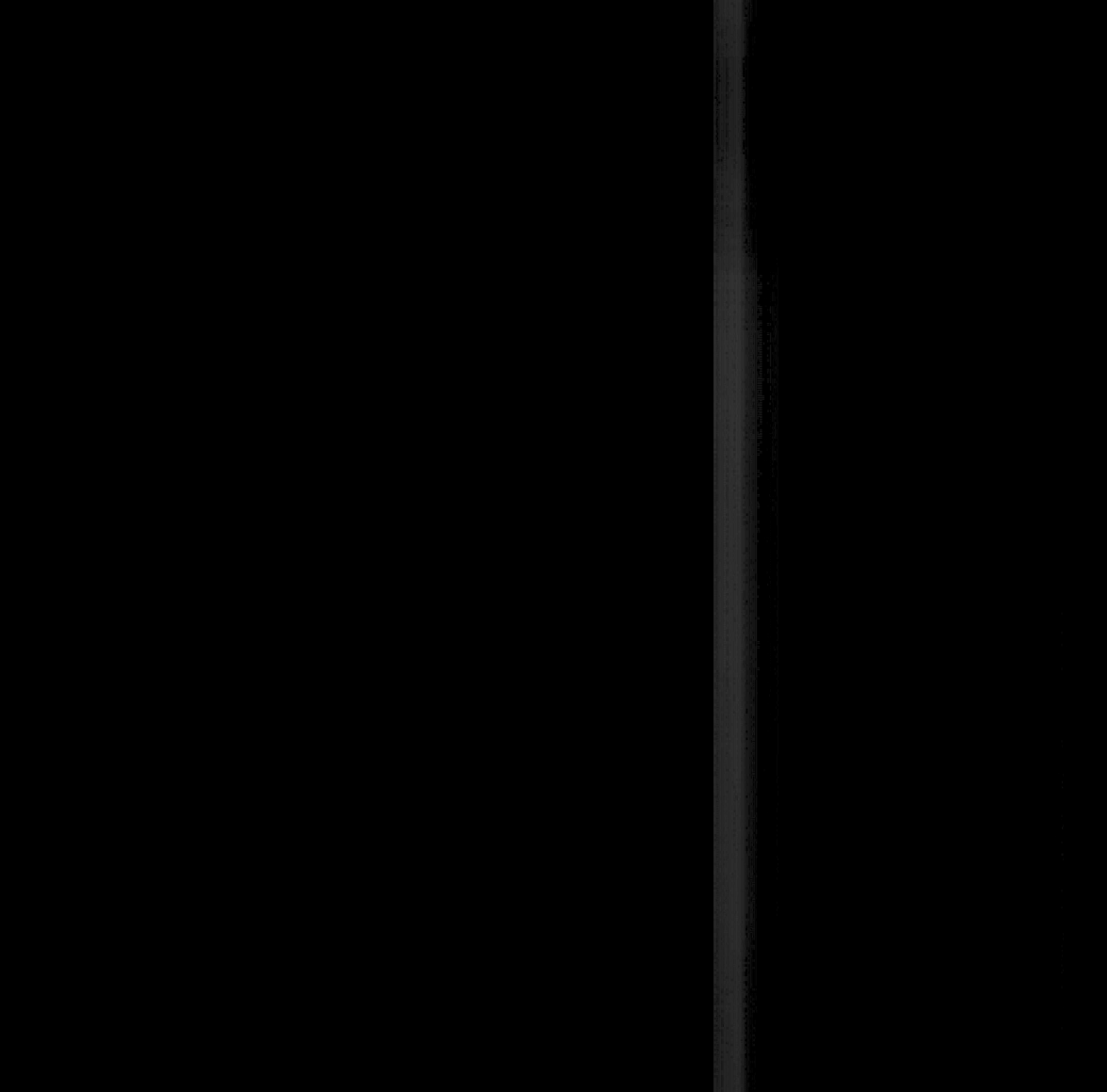

Schalotten à la grecque

Sud:

50 ml Wasser

½ Zitrone, in Scheiben geschnitten, halbiert, Kerne entfernt

2 Esslöffel Zitronensaft

2 Esslöffel Olivenöl

2 Esslöffel Weißwein

½ Knoblauchzehe

wenig gemahlener Koriander

4–6 Pfefferkörner

1 Lorbeerblatt

300 g Schalotten oder kleine rote Zwiebeln, geschält

Salz

1 Esslöffel gehackte Petersilie

In einem Topf alle Zutaten zum Sud aufkochen und zugedeckt 15 Minuten köcheln lassen. Die Schalotten dazugeben und zugedeckt bei gelegentlichem Rühren etwa 20 Minuten weich kochen. Die Schalotten herausheben und den Sud auf die Hälfte einkochen. Abschmecken, über die Schalotten gießen und abkühlen lassen.

Die Schalotten mit Petersilie bestreut warm oder kalt als Snack oder mit knusprigem Brot als Vorspeise servieren.

Gedünsteter Fenchelsalat mit Granatapfel und Mandeln

300 g Fenchel

Salz, Pfeffer aus der Mühle

Olivenöl zum Dünsten

2 Tomaten, geschält, entkernt, in feine Streifen geschnitten

Fenchelgrün als Garnitur

2 EL Granatapfelkerne

2 EL Mandelblättchen, trocken geröstet

Salatsauce:

1½ Esslöffel weißer Balsamicoessig

3 Esslöffel Olivenöl

1 Knoblauchzehe, gepresst

½ ungespritzte Orange, abgeriebene Schale

Den Fenchel der Länge nach mit einem Gemüsehobel oder mit einem scharfen Messer in möglichst dünne Scheiben schneiden, würzen. Die Scheiben in einer großen Bratpfanne in wenig Olivenöl langsam knapp weich und leicht braun braten.

Die Zutaten zur Salatsauce gut verrühren.

Den Fenchel auf zwei Tellern anrichten, die Tomatenstreifen darübergeben und den Salat mit der Sauce beträufeln. 10 Minuten durchziehen lassen. Mit dem Fenchelgrün, Granatapfelkernen und Mandelblättchen garnieren und servieren.

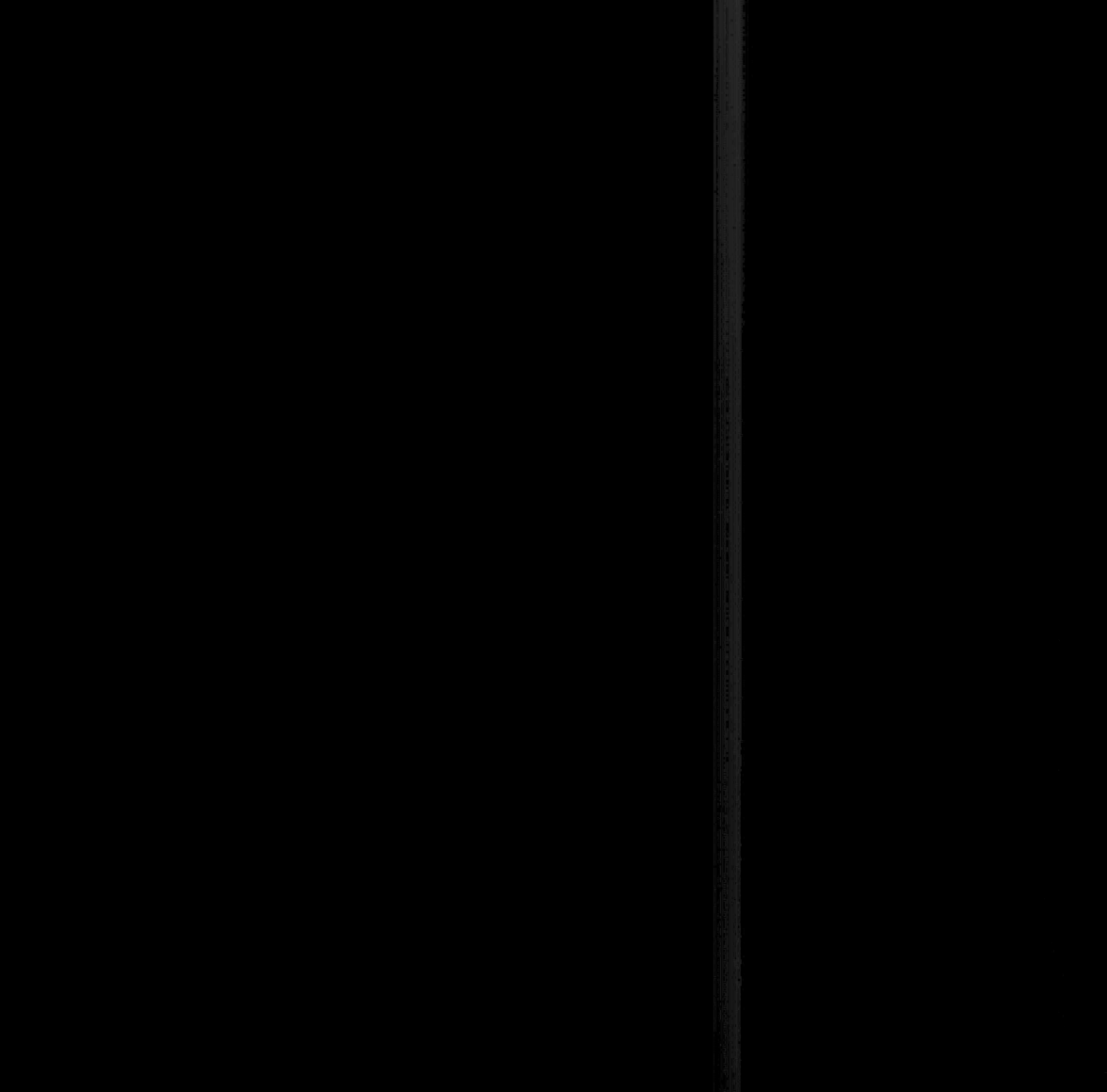

Sellerie-Panna-cotta
mit Mandarinen-Nuss-Sauce

150 g Sellerie, geschält
½ Zitrone, Saft
100 ml Rahm
1½ Blatt Gelatine, in kaltem Wasser
    eingeweicht
Salz, einige Tropfen Tabasco

Sauce:
60 ml Weißwein
1 Schalotte, fein gehackt
2 Mandarinen, Saft
2–3 Esslöffel Rahm
Salz, einige Tropfen Tabasco

2 Esslöffel Baumnüsse, grob gehackt
2 Baumnusshälften
6 filetierte Mandarinenschnitze als Garnitur

Den Sellerie in kleine Würfel (ca. 2 × 2 cm) schneiden und sofort mit dem Zitronensaft beträufeln, damit sie sich nicht braun verfärben. In kochendem Salzwasser weich garen, abgießen und abtropfen lassen.

In derselben Pfanne den Rahm aufkochen, die Selleriewürfel hinzugeben und beides zusammen im Mixer pürieren. Die leicht ausgedrückte Gelatine zu der noch heißen Sellerie-Rahm-Mischung geben, gut verrühren und würzen. Zwei Förmchen von je 150 ml Inhalt mit kaltem Wasser ausspülen, die Sellerie-Rahm-Mischung einfüllen und die Förmchen mindestens 3 Stunden kühl stellen. Inzwischen für die Sauce den Weißwein mit der Schalotte zum Kochen bringen und auf die Hälfte einkochen. Den Mandarinensaft dazugießen und wieder etwas einkochen. Die Sauce durch ein Sieb gießen und dabei die Schalotten gut ausdrücken. Den Rahm beifügen und die Sauce weiter köcheln, bis sie sämig ist, würzen. Bis zum Servieren kühl stellen.

Zum Servieren die Förmchen kurz in heißes Wasser stellen, das Panna cotta dem Rand entlang lösen und sorgfältig auf Teller stürzen. Die gehackten Baumnüsse zur Sauce geben und diese um die Panna-cotta-Köpfchen gießen. Mit den Baumnusshälften und den Mandarinenschnitzen garnieren.

PS. Eine perfekte winterliche Vorspeise, die sich vorbereiten lässt und sich als Auftakt zu einem eleganten Geburtstags- oder Weihnachtsessen eignet.

PPS. Ganz streng vegetarisch wird dieses Gericht, wenn statt der Gelatine Agar-Agar verwendet wird. Beachten Sie die Zubereitungshinweise auf der Verpackung.

Alle Zutaten zur Salatsauce verrühren. Kurz vor dem Servieren den Salat mit der Sauce mischen, auf zwei Teller verteilen und mit den Baumnüssen bestreuen. Die warmen Feigen auf dem Käse dazu anrichten und sofort servieren.

PS. Halloumi ist ein halbfester Käse aus Kuh-, Schaf- oder Ziegenmilch. Er behält seine Form, auch wenn er erhitzt wird, und eignet sich daher ausgezeichnet zum Braten und Grillieren. Man erhält ihn im gut sortierten Fachhandel oder im griechischen Lebensmittelgeschäft.

Feigen im Rohschinkenmantel auf Halloumi mit Blattsalat

2 Feigen, geviertelt
4–8 Scheiben Rohschinken, je nach Größe
wenig Butter
Pfeffer aus der Mühle
4 Scheiben Halloumi

Salatsauce:
1 Esslöffel Feigen- oder Balsamicoessig
2 Esslöffel Oliven- oder Sonnenblumenöl
1 Esslöffel Wasser oder Bouillon,
   nach Belieben
1 Messerspitze Senf
Salz, Pfeffer aus der Mühle

2 Handvoll herbstliche Blattsalate, gewaschen
2 Esslöffel Baumnüsse, grob gehackt

Den Backofen auf 200 Grad vorheizen. Jedes Feigenviertel mit Rohschinken umwickeln, Butter darauf verteilen und mit Pfeffer bestreuen. Die Halloumischeiben auf ein Backblech geben, die eingewickelten Feigen darauflegen und im vorgeheizten Ofen etwa 12 Minuten backen, bis der Schinken knusprig, der Käse gebraten und die Feigen weich sind.

essbare Blüten (z.B. Ringelblumen,
  Hornveilchen, Kapuziner, Borretsch, Gänse-
  blümchen)
verschiedene Kerne (z.B. Pinienkerne, Sonnen-
  blumenkerne, Cashews), gehackt, trocken
  geröstet

Salat, Kresse und Gemüse waschen,
trockenschleudern und auf zwei Teller
verteilen.
Alle Zutaten zur Salatsauce gut ver-
mischen und den Salat damit beträufeln.
Die Teller mit den Blüten und den
Kernen garnieren und mit einem feinen
Brot genießen.

PS. Mizuna ist ein japanischer Blattkohl,
der ähnlich wie Friséesalat aussieht und
geschmacklich an Rucola erinnert, aber
etwas milder ist. Zu finden als Schnittsalat
auf dem Markt oder als Samen zum
Selberziehen im Samenhandel.

2 Scheiben Parma- oder Rohschinken
einige Himbeeren
Balsamicoessig
grob gemahlener Pfeffer

Die Melonenschnitze, den Rohschinken
und die Himbeeren dekorativ auf
zwei Tellern anrichten. Die Teller mit
dem Balsamicoessig garnieren und mit
grob gemahlenem Pfeffer bestreuen.
Dazu knuspriges Brot servieren.

Thunfisch-Carpaccio

100 g Thunfisch bester Qualität
   (Sashimi-Qualität)
1 Esslöffel Rotweinessig
1½ Esslöffel Sesamöl
1 Teelöffel Sojasauce
wenig abgeriebene Zitronenschale
1 Hauch Wasabipaste
Salz, Pfeffer aus der Mühle

1 Esslöffel Sesamsamen als Garnitur
1 Esslöffel Kresse als Garnitur

Den Thunfisch in sehr dünne Scheiben schneiden. Jede Scheibe zwischen zwei mit Sesamöl bepinselten Lagen Klarsichtfolie hauchdünn klopfen. Die Fischscheiben auf zwei Teller verteilen.
Alle weiteren Zutaten zu einer Marinade mischen, die Fischscheiben damit bepinseln und 10 Minuten durchziehen lassen.
Inzwischen die Sesamsamen trocken (ohne Fettzugabe) in einer beschichteten Bratpfanne unter ständigem Rühren goldbraun rösten. Vor dem Servieren die Sesamsamen und die Kresse über das Carpaccio streuen.

PS. Sesamsamen sind aromatisch und gesund. Rösten Sie gleich eine größere Menge und bewahren Sie sie im Kühlschrank auf. So haben Sie stets eine feine Zugabe zur Hand, die einen gewöhnlichen Salat im Nu zu einer Köstlichkeit macht.

Rucolasalat mit Jakobsmuscheln und Steinpilzen

Olivenöl
1 Esslöffel Pinienkerne
100 g Steinpilze, gesäubert, in Scheiben
   geschnitten
6 Jakobsmuscheln, gewaschen, trockengetupft, quer halbiert
4 Cherrytomaten, klein gewürfelt
2 Handvoll Rucola, gewaschen
wenig glattblätterige Petersilie, fein gehackt

Sauce:
3 Teelöffel Balsamicoessig
3 Esslöffel Olivenöl
Salz, Pfeffer aus der Mühle

Die Zutaten zur Salatsauce verrühren.
In einer Bratpfanne 1 Teelöffel Olivenöl erwärmen und darin die Pinienkerne unter ständigem Rühren gleichmäßig goldbraun braten. Auf einem Teller abkühlen lassen und beiseite stellen.
In derselben Bratpfanne nochmals wenig Olivenöl erhitzen, die Steinpilze mit Salz und Pfeffer würzen und im heißen Öl beidseitig je 3–4 Minuten braten. Warm stellen. Die Muscheln in derselben Pfanne bei mittlerer Hitze auf jeder Seite 1–2 Minuten braten. Ebenfalls warm stellen. Die Tomatenwürfel nur gerade 30 Sekunden unter ständigem Rühren in der heißen Bratpfanne erhitzen.
Den Rucola auf zwei Teller verteilen, die Sauce darüberträufeln, mit Pilzen, Jakobsmuscheln, Tomaten, Petersilie und Pinienkernen garnieren und sofort servieren.

PS. Braten Sie gleich eine größere Menge Pinienkerne. Sie sind einige Wochen haltbar und verzaubern viele Gerichte.

Champignons mit Mozzarella

200 g große Champignons, 1 cm dick geschnitten
2 Esslöffel Olivenöl
50 g Büffelmozzarella, in Flocken gezupft
wenig Knoblauch, gepresst
½ Teelöffel fein gehackter frischer Thymian
Salz, Pfeffer aus der Mühle
2 Zweige Thymian als Garnitur

Den Backofen auf 220 Grad vorheizen. Die Champignonscheiben in einer Schicht in eine mit 1 Esslöffel Olivenöl eingeölte ofenfeste Form geben. Die Mozzarellaflocken darüber verteilen. Das restliche Öl mit Knoblauch und Thymian mischen und über Pilze und Mozzarella träufeln oder pinseln, mit Salz und Pfeffer würzen. Im Ofen 8–10 Minuten überbacken.

Als kleine Vorspeise mit knusprigem Brot servieren.

PS. Sie können dieses Gericht auch mit einer Handvoll Salatblätter, wie zum Beispiel Rucola, anreichern.

Avocado mit Riesencrevetten und Tomatenvinaigrette

1 Avocado
½ Zitrone, Saft (1 Teelöffel für die Vinaigrette beiseite geben)
Salz, Pfeffer aus der Mühle

Vinaigrette:
1 Esslöffel Weißweinessig
1 Teelöffel Zitronensaft
2 Esslöffel Olivenöl
1 Knoblauchzehe, gepresst
Salz, Pfeffer aus der Mühle
1 Esslöffel fein geschnittener Koriander

6 Cherrytomaten, gehäutet, entkernt, geviertelt
6 Riesencrevetten, gekocht
2 Zweiglein Koriander als Garnitur

Die Avocado vorsichtig schälen und der Länge nach halbieren. Von jeder Hälfte eine ½ cm dicke Scheibe abschneiden, klein würfeln und sowohl die Würfel wie auch die restlichen Avocadohälften mit Zitronensaft beträufeln. Leicht würzen. Sämtliche Zutaten sehr gut zu einer Vinaigrette verrühren. Die Avocadowürfel und die Tomatenviertel dazugeben. Die Riesencrevetten auf den Avocadohälften anrichten und die Vinaigrette darüber verteilen. Mit den Korianderzweigen garnieren und servieren.

PS. Anstelle von Koriander passen Schnittlauch oder Basilikum ebenfalls gut zu dieser Vorspeise.

Marinierte Auberginen in Saor

Marinade:
1½ Esslöffel Olivenöl
1 Knoblauchzehe, in Scheiben geschnitten
1 kleine Zwiebel, in dünne Ringe geschnitten
1 Lorbeerblatt
1 Esslöffel Rotweinessig
1 Tomate, geschält, entkernt, klein gewürfelt

1 Aubergine (ca. 150 g), Stielansatz entfernt
Salz
Olivenöl
reichlich gehackte Petersilie

Für die Marinade das Olivenöl in einem Topf bei mittlerer Temperatur erhitzen. Die Knoblauchscheiben, die Zwiebelringe und das Lorbeerblatt darin unter ständigem Rühren 15 Minuten weich dünsten. Sobald die Zwiebeln leicht gebräunt sind, den Essig und die Tomatenwürfel hinzufügen und den Topf vom Herd nehmen.

Die Aubergine in 1 cm dicke Scheiben schneiden, mit Salz bestreuen und in einem Abtropfsieb abtropfen lassen. Mit Küchenpapier trockentupfen. Die Auberginenscheiben auf beiden Seiten mit Olivenöl bepinseln und in einer beschichteten Bratpfanne nacheinander auf beiden Seiten goldbraun braten. Die Auberginenscheiben lagenweise abwechselnd mit der Zwiebelmarinade und der gehackten Petersilie in eine Schüssel schichten und mindestens 2 Stunden bei Raumtemperatur durchziehen lassen. Mit frischem Brot servieren.

PS. Es lohnt sich, von diesem Gericht gleich die doppelte oder dreifache Menge zuzubereiten, denn es schmeckt am nächsten Tag genauso gut. 2 Stunden vor dem Essen aus dem Kühlschrank nehmen.

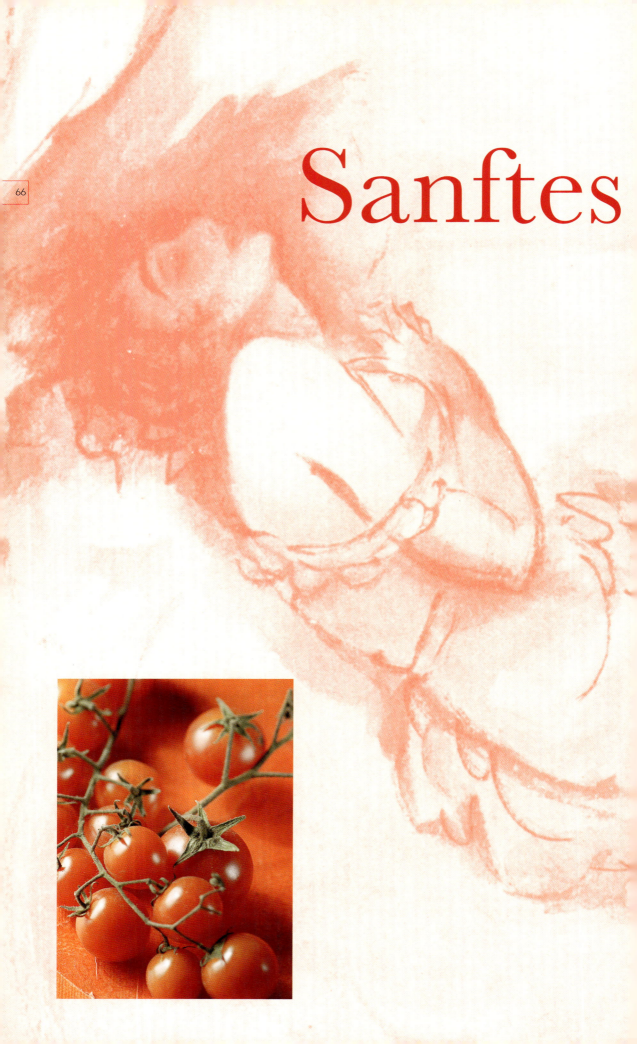

Sanftes

Suppen

zum Löffeln

Die Stunden vor und nach der Geburt meiner Kinder gehören zu den intensivsten Erfahrungen meines Lebens. Alle meine Sinne waren enorm wach und konzentriert. Der lästige Sicherheitsgurt um meinen dicken Bauch, die Wärme der Sonnenstrahlen, der unerträgliche Schmerz, das kühle Spitalhemd auf meiner Haut, das Stöhnen einer Frau im Nebenzimmer, der erste Anblick meines Babys, das unendliche Glücksempfinden und die Erleichterung. Als ich einige Stunden später mit dem Kind im Arm nach Hause kam – ich gebar ambulant –, gab es eine warme Suppe.

Tomatensuppe

1 EL Olivenöl
½ Zwiebel, fein gehackt
1 Knoblauchzehe, gepresst
1 EL Tomatenpüree
600 vollreife Tomaten, gehäutet, entkernt,
　klein gewürfelt
je 1 Zweiglein Thymian und Oregano
½ TL Zucker
Gemüsebouillonpulver
evtl. wenig Wasser
Salz, Pfeffer aus der Mühle, Paprikapulver

nach Belieben 4 Riesencrevetten, gekocht
30 ml Rahm, steif geschlagen, nach Belieben
Basilikumblätter als Garnitur
Sbrinz oder Parmesan, frisch gerieben

Das Olivenöl in einem Topf erhitzen, die Zwiebel darin glasig dünsten, Knoblauch und Tomatenpüree hinzufügen und weiterdämpfen, bis das Püree eine dunklere Farbe angenommen hat. Die Tomatenwürfel und die Kräuterzweige dazugeben und alles zum Kochen bringen. Mit Zucker und Gemüsebouillonpulver würzen und zugedeckt bei kleiner Hitze 20–30 Minuten köcheln lassen, dabei hin und wieder umrühren. Falls die Suppe zu dick ist, mit wenig Wasser verdünnen. Die Kräuterzweige entfernen und die Suppe abschmecken. Nach Belieben im Mixer pürieren.
Falls verwendet, die Riesencrevetten in zwei vorgewärmte Teller geben, die heiße Tomatensuppe darübergießen, nach Belieben etwas Schlagrahm daraufsetzen und mit Basilikumblättern garnieren. Den geriebenen Käse separat dazu reichen.

PS. Die Suppe schmeckt auch kalt. Anstelle von Rahm gut verrührten Mascarpone verwenden und Basilikumstreifen daruntermischen.

Karibische Kürbissuppe

125 ml Gemüsebouillon
1 Schalotte, fein gehackt
1 Tomate, gehäutet, entkernt, klein gewürfelt
¼ l Kokosmilch
500 g Kürbis, in Würfel geschnitten
1 Knoblauchzehe, gepresst
½ Teelöffel frisch geriebener Ingwer
½ Briefchen Safran
1 Prise Jamaikapfeffer (Piment), nach Belieben
Chilipulver oder Tabasco nach Geschmack
Salz, Pfeffer aus der Mühle

1 Esslöffel frische Kokosnuss, gerieben, oder
　Kokosflocken als Garnitur
1 Esslöffel gehackter Koriander oder gehackte
　Petersilie als Garnitur

Die Gemüsebouillon aufkochen, Schalotte und Tomatenwürfel dazugeben und zugedeckt 15 Minuten köcheln lassen. Alle weiteren Zutaten dazugeben, würzen und nochmals 15–20 Minuten zugedeckt weiter köcheln lassen. Die Suppe im Mixer pürieren, nochmals abschmecken und kurz erhitzen.
Die Suppe in zwei vorgewärmte Suppenschalen verteilen, mit den Kokosflocken und Koriander oder Petersilie garnieren.

Vichyssoise exotique

1 Esslöffel Olivenöl

1 kleine Schalotte, fein gehackt

100 g mehlige Kartoffeln, geschält,
   klein gewürfelt

100 g Lauch, geputzt, in feine Ringe
   geschnitten

1 Teelöffel frisch geriebener Ingwer

2 Kaffirlimettenblätter

1 Zitronengrasstengel, der Länge
   nach eingeschnitten

300 ml Gemüsebouillon

200 ml Kokosmilch

wenig geriebene Muskatnuss

Salz, Pfeffer aus der Mühle

50 g Rauchlachs, in Streifen geschnitten

2 Teelöffel gehackter Koriander, nach Belieben

Die Schalotte im heißen Olivenöl glasig
dünsten, Kartoffel und Lauch hinzugeben
und etwa 5 Minuten mitdünsten. Den
Ingwer, die Kaffirlimettenblätter und das
Zitronengras beifügen, kurz umrühren
und mit der Bouillon ablöschen. Aufkochen und zugedeckt köcheln lassen,
bis das Gemüse weich ist. Die Kaffirlimettenblätter und das Zitronengras entfernen und die Suppe im Mixer fein
pürieren. Die Kokosmilch dazugießen,
die Suppe nochmals aufkochen und mit
Muskat, Salz und Pfeffer würzen.
Die Suppe in zwei vorgewärmte Teller
verteilen und mit Rauchlachs und
Koriander garnieren.

PS. Die Vichyssoise wird klassisch kalt
serviert. Aber wenn es draußen kalt ist,
serviere ich diese Suppe lieber warm.

PPS. Traditionell kommen natürlich
weder Ingwer noch Kaffirlimettenblätter
oder Zitronengras in die Vichyssoise.
Wenn Sie es mal ganz klassisch mögen,
lassen Sie diese Würzzutaten weg, er-

setzen die Kokosmilch durch Rahm und
nehmen statt Koriander Schnittlauch
und Majoran. Anstelle von Rauchlachs
können Sie dann separat zur Suppe
Croûtons, Schinkenwürfel, geröstete
Mandelstifte und gewürfelte Paprikaschote reichen.

Kokos-Zitronen-Suppe mit Champignons

¼ l Kokosmilch

¼ l Gemüsebouillon

1 Stengel Zitronengras, äußere, harte Blätter
   entfernt, in feine Ringe geschnitten

2 Kaffirlimettenblätter

1 Teelöffel fein gehackter Ingwer

¼ Teelöffel Kurkuma

½ Zitrone, abgeriebene Schale

200 g Champignons, halbiert oder geviertelt

1 Esslöffel Zitronensaft

Salz, Pfeffer aus der Mühle

1 Esslöffel Koriandergrün als Garnitur

Die Kokosmilch zusammen mit der
Bouillon aufkochen, Zitronengras, Kaffirlimettenblätter, Ingwer, Kurkuma und
Zitronenschale dazugeben und die Suppe
zugedeckt 20 Minuten leise köcheln lassen. Dann die Champignons hinzufügen
und in der Suppe knapp weichkochen.
Kurz vor dem Servieren die Kaffirlimettenblätter entfernen und die Suppe
mit Zitronensaft, Salz und Pfeffer abschmecken.
Die Suppe in zwei vorgewärmte Suppenschalen anrichten und mit Koriandergrün
garnieren.

PS. Wenn Sie den Koriandergeschmack
nicht mögen, verwenden Sie 1 Esslöffel
fein gehackte Frühlingszwiebeln.

Scharf-saure Suppe mit Riesencrevetten

½ l Gemüsebouillon
1 Esslöffel Sojasauce
1 Esslöffel Reiswein oder trockener Sherry
½ Esslöffel Reisessig oder Weinessig
½–1 Teelöffel Sesamöl, nach Geschmack
4–6 rohe Riesencrevetten, je nach Größe

½ Esslöffel Öl
½ Knoblauchzehe, fein gehackt
½–1 orange oder rote Chili, je nach Schärfe
40 g Chinakohl, in feine Streifen geschnitten
40 g rote Paprikaschote, in feine Streifen geschnitten
40 g Champignons, fein geschnitten
1 gestrichener Esslöffel Kartoffel- oder Maisstärke zum Binden, nach Belieben
Salz, Pfeffer aus der Mühle

1 Esslöffel feine Frühlingszwiebelringe als Garnitur

Die Bouillon aufkochen, Sojasauce, Reiswein oder Sherry, Essig und Sesamöl dazugeben. Die Riesencrevetten beifügen und zugedeckt 5 Minuten köcheln lassen. Im Wok oder in einer Bratpfanne das Öl erhitzen und darin den Knoblauch goldgelb braten. Chili, Chinakohl, Paprikaschote und Champignons hinzufügen und unter ständigem Rühren bei großer Hitze braten. Das Gemüse in die kochende Suppe geben und 1 Minute mitkochen. Die Stärke, falls gewünscht, mit 3 Esslöffeln kaltem Wasser verrühren, unter Rühren zur Suppe geben und kurz aufkochen, bis die Suppe bindet. Mit Salz und Pfeffer abschmecken.
Die Suppe in zwei vorgewärmte Schalen verteilen und mit den Frühlingszwiebelringen garnieren.

Klare Knoblauchsuppe

2 Esslöffel Olivenöl
20–25 g Knoblauch, in dünne Scheiben geschnitten
¼ Teelöffel Paprikapulver
½ l Gemüsebouillon, heiß
1 Lorbeerblatt
2 Prisen Safranfäden
3 Esslöffel trockener Sherry
Salz, Pfeffer aus der Mühle

1 Esslöffel fein gehackte Petersilie
2 Zitronenscheiben

Das Olivenöl in einer Pfanne erwärmen und den Knoblauch darin goldgelb braten. Ganz kurz den Paprika darin mitrösten und sofort mit der Bouillon ablöschen. Lorbeerblatt und Safranfäden dazugeben und die Suppe 10 Minuten köcheln lassen. Mit dem Sherry und mit Salz und Pfeffer abschmecken.
Die Suppe in zwei vorgewärmte Tassen gießen und mit Petersilie und den Zitronenscheiben garnieren.

PS. Für eine reichhaltigere Suppe geben Sie gekochte, gut abgetropfte Crevetten oder gekochtes, klein geschnittenes Hühnerfleisch oder gekochtes Gemüse dazu und erwärmen Sie es kurz.

Zucchinisuppe

1 Esslöffel Olivenöl
1 kleine Schalotte, fein gehackt
1 Knoblauchzehe, gepresst
500 g Zucchini, in Scheiben geschnitten
50 ml trockener Weißwein
¼ l Gemüsebouillon
½ Teelöffel gemahlener Koriander
1 Prise Muskatnuss
100 ml Kokosmilch oder Rahm
Salz, Pfeffer aus der Mühle

2 Esslöffel Croûtons, nach Belieben
2 Teelöffel fein geschnittener Schnittlauch

Das Olivenöl in einem Topf erwärmen und darin Schalotte und Knoblauch glasig dünsten. Die Zucchinischeiben dazugeben und etwa 5 Minuten mitdünsten. Mit dem Weißwein ablöschen, aufkochen und etwas einkochen lassen. Mit der Bouillon aufgießen, Koriander und Muskatnuss hinzufügen und die Suppe 10 Minuten köcheln lassen. Im Mixer oder mit dem Stabmixer fein pürieren. Kokosmilch oder Rahm hinzufügen und die Suppe mit Salz und Pfeffer abschmecken.
Die Suppe in zwei vorgewärmten Suppenschalen anrichten und mit Croûtons und Schnittlauchringen garnieren.

PS. Dies ist eine eher dicke, sehr gemüsige Suppe. Für eine dünnere Konsistenz reduzieren Sie einfach die Menge an Zucchini oder fügen Sie mehr Flüssigkeit hinzu.

PPS. Wenn Sie die Suppe nach dem Pürieren noch durch ein feines Sieb streichen, wird sie feiner. Ganz wie Sie es mögen.

PPPS. Geschälte und gekochte Flusskrebse harmonieren gut mit dieser Suppe. Diese in der Suppe einfach kurz mitwärmen.

Karotten-Koriander-Suppe

2 Teelöffel Olivenöl
500 g Karotten, geschält, in Scheiben
   geschnitten
½ l Gemüsebouillon
1 Esslöffel frisch geriebener Ingwer
50 ml Kokosmilch
2 Esslöffel gehackter Koriander
Salz, Pfeffer aus der Mühle

4 Esslöffel Kokosmilch oder Sauerrahm
einige Korianderblätter als Garnitur

In einem Topf das Olivenöl erwärmen, die Karotten darin einige Minuten dünsten. Die Bouillon dazugießen, aufkochen, den Ingwer beifügen und alles zugedeckt 15 Minuten köcheln lassen. Dann die Kokosmilch und den Koriander dazugeben, die Suppe im Mixer oder mit dem Stabmixer pürieren und abschmecken.
Die Suppe in zwei vorgewärmten Suppenschalen anrichten, die Kokosmilch oder den Sauerrahm darauf verteilen und mit den Korianderblättern garnieren.

PS. Anstelle der Karotten kann man die Suppe auch mit Randen (Roter Bete) oder Fenchel zubereiten.

Mandelsuppe

2 Esslöffel Mandelblättchen
100 g geschälte ganze Mandeln
1 Esslöffel Olivenöl
2 Knoblauchzehen, gepresst
1 mehlige Kartoffel, geschält, klein gewürfelt
1 Esslöffel Sherry- oder Weißweinessig
½ l Gemüsebouillon
1 Prise Safran
Salz, Pfeffer aus der Mühle
2–4 Esslöffel Rahm

2 Teelöffel gehackte Pfefferminzblätter
einige Pfefferminzblätter als Garnitur
2 Rosenblätter, unbehandelt, als Garnitur

Die Mandelblättchen in einer beschichteten Bratpfanne ohne Fett bei mittlerer Hitze unter ständigem Rühren hellbraun rösten. Für die Garnitur beiseite stellen. Die ganzen Mandeln fein mahlen, dann wie die Mandelblättchen dunkelblond rösten.
Das Olivenöl in einer Pfanne erhitzen und den Knoblauch darin hellbraun braten. Die Kartoffelwürfel 1 Minute mitdünsten, dann das Mandelpüree dazugeben, mit dem Essig ablöschen und diesen verdampfen lassen, mit der Bouillon aufgießen, aufkochen und die Suppe bei schwacher Hitze zugedeckt köcheln lassen, bis die Kartoffeln weich sind. Von Zeit zu Zeit umrühren, da die Mandeln gerne am Boden festkleben. Die Suppe mit dem Stabmixer oder im Mixer gründlich pürieren, mit Safran, Salz und Pfeffer abschmecken und mit dem Rahm verfeinern.
Die Suppe in zwei vorgewärmte Teller verteilen, mit gerösteten Mandelblättchen, Pfefferminze und Rosenblättern garnieren.

PS. Schneller geht es mit fertigem Mandelpüree aus dem Reformhaus. Die Suppe schmeckt dann ein bisschen anders, weil die Mandeln nicht geröstet sind. In diesem Fall nehmen Sie etwa 3 Esslöffel Mandelpüree.

PPS. In Spanien serviert man diese Suppe gerne mit halbierten und entkernten Trauben. An einem heißen Sommertag kann man die Mandelsuppe auch sehr gut kalt genießen.

Rote Fruchtsuppe

250 g gemischte sonnengereifte Früchte
 (z.B. Himbeeren, Erdbeeren, Brombeeren,
 Heidelbeeren, Kirschen, Preiselbeeren,
 Johannisbeeren), frisch oder tiefgefroren
¼ l Wasser oder Orangensaft
1 Zitrone, Zesten
1 kleines Stück Zimt
1 Nelke
Honig, nach Belieben

2 Esslöffel Crème fraîche zum Garnieren
einige Früchte als Garnitur

Die Früchte säubern und gründlich waschen. Gefrorene Früchte müssen nicht aufgetaut werden.
Wasser oder Orangensaft mit den Zitronenzesten und den Gewürzen erhitzen und zugedeckt 10 Minuten ziehen lassen. Die Gewürze entfernen, die Früchte dazugeben und in 3–10 Minuten weich kochen. Alles im Mixer pürieren, nach Geschmack mit Honig süßen und nach Belieben durch ein feines Sieb streichen; die Suppe sollte süßsauer sein. Die Suppe mindestens 2 Stunden kühl stellen.
Die Suppe in zwei Tellern oder Schalen anrichten und mit Crème fraîche und Früchten garnieren.

Aus Fluss

Fisch und Meeresfrüchte

und Meer

Als ich in Südafrika lebte, wurde ich einmal zu einem Hochzeitsfest
in Swaziland eingeladen. Das Hochzeitsbuffet präsentierte sich mit herrlich
opulenten Gerichten von Fisch und Meeresfrüchten. Ich merkte, wie
diese zink- und eiweißreiche Kost fast magisch auf meinen Körper wirkte.
Ein Blick genügte, und ich wusste, dass mein Galan dieselbe Erregung
spürte. Ganz diskret zogen wir uns in unsere Gemächer zurück …

Lachsragout mit Sauternes und Trauben

6 weiße Trauben

Sauce:
100 ml Fischfond oder Gemüsebouillon
125 ml Sauternes
2 Teelöffel Limettensaft
10 g kalte Butter, in Flocken
60 g Rahm, steif geschlagen
Salz, 1 Prise Cayennepfeffer

1 Esslöffel Olivenöl
250 g Lachsfilet (Rückenstück), in Würfel
   geschnitten
Salz
½ Teelöffel Zucker

Die Trauben 15 Sekunden in kochendes Wasser tauchen, kalt abschrecken und häuten. Der Länge nach halbieren und die Kerne entfernen.
Den Fischfond oder die Gemüsebouillon zusammen mit 100 ml Sauternes und dem Limettensaft aufkochen und auf 50 ml einkochen. Beiseite stellen.
In einer Bratpfanne das Olivenöl erhitzen und die leicht gesalzenen Lachswürfel darin bei mäßiger Hitze kurz anbraten. Warm stellen.
Im verbliebenen Öl die Trauben ganz kurz anbraten, den Zucker dazugeben und die Trauben karamellisieren. Sofort herausnehmen und warm stellen.
Den Bratfond mit dem restlichen Sauternes ablöschen und diesen Fond zur Sauce geben. Die Sauce nochmals aufkochen, die Butter und den geschlagenen Rahm darunterziehen. Mit Salz und Cayennepfeffer abschmecken.
Die Lachswürfel auf zwei vorgewärmte Teller geben, mit der Sauce umgießen und mit den karamellisierten Trauben garnieren. Dazu passt Wildreismix oder Basmatireis.

Lachs-Teriyaki

1 Esslöffel dunkle Sojasauce
1 Esslöffel helle Sojasauce
½ Teelöffel Sesamöl
½ Esslöffel brauner Zucker
wenig Öl zum Braten
300 g Lachsfilet, in dicke Scheiben geschnitten
Salz, Pfeffer aus der Mühle
2 Esslöffel Sake oder trockener Sherry
6 Frühlingszwiebeln, in 10 cm lange Stücke
   geschnitten
1 Esslöffel Sesamsamen, trocken (ohne Fett)
   geröstet

Die beiden Sojasaucen mit Sesamöl und Zucker mischen.
Öl in einer Bratpfanne oder Grillpfanne erhitzen, das Lachsfilet mit Salz und Pfeffer würzen und im heißen Öl je nach Dicke auf jeder Seite 3–5 Minuten braten. Mit dem Sake oder Sherry übergießen, diesen anzünden und flambieren. Sobald die Flamme erloschen ist, den Fisch mit wenig der Soja-Sesamöl-Mischung bestreichen und 1–2 Minuten weiterbraten, bis die Sauce leicht karamellisiert ist. Den Fisch auf vorgewärmte Teller anrichten und warm halten.
In der gleichen Bratpfanne die Frühlingszwiebeln kurz anbraten und über den angerichteten Fisch verteilen. Mit den Sesamsamen bestreuen und die restliche Sauce separat dazu servieren. Dazu passt ein pfannengerührtes Gemüse und Parfümreis.

PS. Auf die gleiche Weise können Sie auch andere Fischsorten, Pouletbrüstchen oder -schenkel, Schweinefilet oder Beefsteak zubereiten.

Thunfischsteaks
mit Sesam-Honig-Kruste

2 Esslöffel Sesamsamen
1 Esslöffel Paniermehl
1 Esslöffel Honig
wenig Sambal Oelek
Salz, Pfeffer aus der Mühle
2 Thunfischsteaks à 120 g
1 Esslöffel Olivenöl
2 Zitronenschnitze

Den Backofen auf 200 Grad vorheizen. Die Sesamsamen mit Paniermehl, Honig und Sambal Oelek vermischen und würzen.
Die Thunfischsteaks mit wenig Salz und Pfeffer würzen und im heißen Olivenöl scharf anbraten. Aus der Pfanne nehmen, mit der Sesammischung bestreichen und im Ofen 12 bis 15 Minuten überbacken. Auf vorgewärmte Teller geben und mit Zitronenschnitzen garnieren. Dazu passt Kokosreis.

Zander royale mit Chili-Zitronen-Sauce

½–1 Zitrone, Saft und abgeriebene Schale
2 Esslöffel Noilly Prat (trockener Wermut)
½ Esslöffel Pernod (Anisschnaps)
125 ml Saucenrahm
¼–½ rote Chili, entkernt, gehackt
Salz, Pfeffer aus der Mühle
300 g Zanderfilets
Olivenöl zum Braten
20 g Butter, weich
Zitronenmelisse, in feine Streifen geschnitten, als Garnitur

Zitronenschale und -saft mit Noilly Prat und Pernod mischen, aufkochen und etwas einkochen lassen. Saucenrahm und Chili dazugeben, erneut aufkochen, abschmecken und beiseite stellen.
Die Fischfilets mit Salz und Pfeffer würzen und in heißem Öl auf beiden Seiten anbraten. Auf zwei vorgewärmte Teller anrichten und warm halten.
Die Sauce nochmals aufkochen, die Butter dazugeben und die Sauce mit dem Stabmixer schaumig aufschlagen. Abschmecken und über den Fisch verteilen. Mit Zitronenmelisse garnieren. Dazu passt ein grünes Gemüse und Trockenreis oder schwarzer Reis.

PS. Schwarzer Reis, der als Riso Venere der Liebesgöttin Venus seinen Namen verdankt, kommt ursprünglich aus China, wird aber heute auch in Italien angebaut. Er ist ein wunderbarer Vollkornreis, der nach Sandelholz und frischem Brot duftet.

Rotbarsch mit dreifarbiger Paprikasauce

2 Esslöffel Butter, weich
1 kleine Schalotte, fein gehackt
1 kleines Stück Stangensellerie, in feine Streifen geschnitten
1 kleines Stück Lauch, in feine Streifen geschnitten
1 Champignon, in dünne Scheiben geschnitten
80 ml Noilly Prat (trockener Wermut)
150 ml Rahm

je ½ rote, grüne und gelbe Paprikaschote, fein gewürfelt
2 Zweiglein Zitronenthymian
Salz, Pfeffer aus der Mühle

1 Esslöffel Olivenöl
300 Rotbarsch, gewaschen, trockengetupft
1 Esslöffel Butter, kalt
1 Teelöffel weiße Crema di Balsamico

1 Esslöffel Butter in einer Bratpfanne erwärmen und darin Schalotte, Stangensellerie, Lauch und Champignon bei mittlerer Hitze etwa 15 Minuten dünsten. 50 ml Noilly Prat dazugießen und einkochen lassen. Dann den Rahm beifügen und auf die Hälfte einkochen. Die Sauce durch ein Sieb gießen, dabei das Gemüse gut ausdrücken. Die Sauce wieder zurück in die Pfanne gießen und warm halten.

Die restliche weiche Butter (1 Esslöffel) erhitzen und darin die Paprikawürfel zusammen mit dem Zitronenthymian ohne Deckel weich dünsten. Den Zitronenthymian entfernen, das Gemüse würzen und warm halten.

Das Olivenöl in einer beschichteten Bratpfanne erhitzen, den Rotbarsch mit Salz und Pfeffer würzen und bei ziemlich starker Hitze auf jeder Seite 1 Minute braten, herausnehmen und warm halten. Den restlichen Noilly Prat (30 ml) dazugießen und verdampfen lassen. Die Rahmsauce darunterrühren und erhitzen, aber nicht mehr kochen. Die kalte Butter in kleinen Flocken einrühren und zuletzt die Sauce mit Crema di Balsamico verfeinern und nochmals abschmecken. Auf zwei vorgewärmten Tellern etwas Sauce verteilen, den Rotbarsch darauf anrichten und das Ganze mit den Paprikawürfelchen garnieren. Dazu passt der Zartweizen Ebly oder Riso Venere (siehe Seite 84).

Asiatisch marinierte Riesencrevettenspieße

Marinade:
½ Schalotte, sehr fein gehackt
1 Knoblauchzehe, gepresst
½–1 Chilischote, nach Geschmack, entkernt, sehr fein gehackt
½ Teelöffel frisch geriebener Ingwer
1 Prise gemahlener Koriander
1 Prise Pfeffer aus der Mühle
1 Esslöffel helle Sojasauce
1 Teelöffel Sesamöl

8 Riesencrevetten, bis auf das Schwanzstück geschält, gewaschen, trockengetupft
4 Zitronengrasstengel, äußere Blätter entfernt, oben zugespitzt
1 Esslöffel Erdnussöl

Alle Zutaten zur Marinade mischen, die Riesencrevetten damit bestreichen und mindestens 1 Stunde durchziehen lassen, dabei mehrmals wenden.

Die Riesencrevetten aus der Marinade nehmen, mit einem spitzen Messer an zwei Stellen einstechen und jeweils 2 Riesencrevetten auf einen Zitronengrasstengel stecken.
Eine Grillpfanne oder Bratpfanne mit dem Erdnussöl bepinseln und die Crevettenspieße darin einige Minuten gar braten.

PS. Im Sommer schmecken diese Spieße hervorragend direkt vom Grill.

PPS. Die Mandel-Sesam-Sauce von Seite 124 schmeckt prima dazu.

Dorade royale im Bananenblatt

2 Stück Bananenblätter
Öl zum Bestreichen
½ Knoblauchzehe, fein gehackt
1 Esslöffel fein gehackter Ingwer
1 Stengel Zitronengras, äußere Blätter entfernt, Inneres in feine Röllchen geschnitten
4 Kaffirlimettenblätter
1 rote Chili, in feine Streifen geschnitten
2–4 Esslöffel Koriandergrün samt Wurzeln, fein gehackt
1 Zitrone, in feine Scheiben geschnitten
2 Esslöffel Sesamsamen, trocken geröstet
2 Doraden (Goldbrassen), innen und außen gewaschen, trockengetupft
8 Esslöffel Kokosmilch
grobes Salz

Den Backofen auf 200 Grad vorheizen. Ein Stück Küchenpapier mit etwas Öl benetzen und die Bananenblätter damit bestreichen, bis sie schön glänzen. Die Würzzutaten bis und mit Sesam mischen und die Hälfte davon auf die beiden Bananenblätter verteilen, den Fisch darauflegen und die restliche Würzmischung darauf verteilen. Mit der Kokosmilch beträufeln und mit wenig Salz würzen. Die Bananenblätter vorsichtig darüberschlagen und zu zwei Paketen verschließen; diese mit zwei Schaschlik- oder Satayspießen fixieren oder mit Küchenschnur binden.
Die Pakete 15–20 Minuten in den vorgeheizten Ofen schieben. Danach den Fisch im Bananenblatt herausnehmen und noch 5 Minuten nachgaren lassen. Im Bananenblatt zusammen mit Parfümreis servieren und die Pakete erst bei Tisch öffnen – es entsteigt ihnen ein aromatischer Duft.

PS. Als ich vor bald dreißig Jahren in Malaysia lebte, hatte ich zwar Zitronengras, Kaffirlimetten, Curry- und Bananenblätter zum Verschwenden im Garten, aber nur zwei Kochplatten und keinen Ofen in der Küche. Deshalb richtete ich im Garten aus einigen Ziegelsteinen und einem darübergelegten Rost einen rudimentären Grill ein. Dieses Fischgericht und auch viele Fleischgerichte habe ich dann jeweils auf diesem Grill zubereitet. Und es schmeckte herrlich verführerisch in der lauschigen Tropennacht!

Jakobsmuscheln
mit Avocadosauce

1 Avocado
1 Zitrone, Saft
Salz, Pfeffer aus der Mühle
1 Prise Cayennepfeffer
1 kleine Knoblauchzehe, gepresst
2 Esslöffel Olivenöl
1 kleine Schalotte, fein gehackt
100 ml Champagner oder Weißwein
4 Esslöffel Rahm

250 g Jakobsmuscheln, gewaschen,
    trockengetupft, quer halbiert
4 Cherrytomaten, klein gewürfelt
1 Teelöffel Kapern
2 Limettenschnitze als Garnitur

Die Avocado schälen, damit sie sich
nicht verfärbt, sofort mit Zitronensaft beträufeln und pürieren. Mit Salz, Pfeffer,
Cayennepfeffer und Knoblauch würzen.
1 Esslöffel Olivenöl in einem Pfännchen
erhitzen und die Schalotte darin dünsten,
bis sie weich ist, aber noch keine Farbe
angenommen hat. Den Champagner
oder Weißwein dazugießen, aufkochen
und 10 Minuten köcheln lassen, dann
durch ein feines Sieb gießen und die
Schalotte dabei mit einem Löffel gut ausdrücken. Die Flüssigkeit zurück in den
Topf gießen, den Rahm daruntermischen
und auf die Hälfte einkochen. Das Avo-
cadopüree daruntermischen und die
Sauce abschmecken. Warm halten.
Das restliche Olivenöl (1 Esslöffel) in einer
Bratpfanne erhitzen, die Jakobsmuscheln
mit Salz und Pfeffer würzen und darin
auf jeder Seite 1 Minute braten, herausnehmen und warm halten. In der gleichen Pfanne die Tomatenwürfel einige
Sekunden wenden.

Die Avocadosauce auf zwei vorgewärmte
Teller verteilen, die Jakobsmuscheln
darauf anrichten und mit den Tomatenwürfeln, Kapern und Limettenschnitzen
garnieren.

PS. Servieren Sie dazu Reis, Thymian-
Dinkel-Küchlein (Seite 136) oder Süßkartoffel-Chips (Seite 139).

PPS. Eventuell ein Viertel der Avocado
zu einem Fächer oder in Würfel schneiden, mit Zitronensaft beträufeln, würzen
und als Garnitur verwenden.

Grillierte Lachs- und Kabeljau-filets in Safranmarinade

½ Briefchen Safranpulver
2 Esslöffel heißes Wasser
2 Esslöffel Kräuter (z.B. Dill, Kerbel, Schnitt-
    lauch, Estragon, Petersilie), gehackt
1 Teelöffel Zitronensaft
2 Esslöffel Olivenöl
Pfeffer aus der Mühle
2 Lachsfilets (Rückenstück) à 100 g
2 Kabejaufilets (Rückenstück) à 100 g
Salz
100 ml Weißwein
20 g Butter, kalt
2 Zitronenschnitze
2 Kräuterzweige als Garnitur

Das Safranpulver im heißen Wasser auf-
lösen, Kräuter, Zitronensaft, 1 Esslöffel
Olivenöl und Pfeffer daruntermischen
und die Fischfilets 1 Stunde in der Marinade ziehen lassen, dabei einmal wenden.
Die Fischfilets aus der Marinade nehmen
und trockentupfen. Die Marinade beiseite
stellen. Die Filets mit dem restlichen
Olivenöl (1 Esslöffel) bestreichen, salzen
und in der Grillpfanne oder Bratpfanne
bei mittlerer Hitze auf jeder Seite etwa
4 Minuten braten. Vorsicht beim Wenden,
da der Fisch leicht auseinanderbricht.
Den Fisch herausnehmen und warm halten. Den Bratfond mit dem Weißwein
ablöschen, aufkochen, mit der Marinade
in ein Pfännchen gießen, nochmals aufkochen und abseits von der Herdplatte
die Butter in Flocken unter die Sauce
ziehen. Abschmecken.
Auf zwei vorgewärmte Teller jeweils ein
Lachs- und ein Kabeljaufilet geben, mit
der Sauce übergießen oder diese separat
dazu reichen. Mit den Zitronenschnitzen
und den Kräuterzweigen garnieren.
Dazu passen Süßkartoffel-Chips, siehe
Seite 139, oder Orangen-Ebly, siehe
Seite 132.

Kabeljau in Orangensauce

300 g Kabeljaufilet vom Mittelstück, in Stücke
    geschnitten
Salz, Pfeffer aus der Mühle
wenig Mehl zum Bestäuben
1 Esslöffel Olivenöl
50 ml Weißwein
150 ml frisch gepresster Orangensaft
1 unbehandelte Orange, abgeriebene Schale
30 g kalte Butter
2 Esslöffel Grand Marnier
1 Orange, samt weißer Haut geschält, Filets
    ausgelöst
einige Orangenzesten von einer
    unbehandelten Orange als Garnitur
1 Esslöffel Pistazien, grob gehackt, als Garnitur

Die Kabeljaufilets mit Salz und Pfeffer
würzen, mit wenig Mehl bestäuben und
in einer beschichteten Bratpfanne in
heißem Öl bei nicht zu großer Hitze auf
jeder Seite etwa 5 Minuten braten. Auf
zwei Teller geben und warm halten.
Das Öl mit Küchenpapier auftupfen, den
Bratenfond mit Weißwein und Orangensaft ablöschen, die abgeriebene Orangenschale dazugeben, aufkochen und alles
auf die Hälfte einkochen. Dann abseits
vom Herd die kalte Butter in kleinen
Flocken mit dem Schwingbesen in die
Sauce rühren. Mit Salz, Pfeffer und
Grand Marnier abschmecken. Die Oran-
genschnitze in der Sauce erwärmen.
Die Sauce über die angerichteten Fischfilets gießen, mit den Orangenschnitzen,
den Orangenzesten und Pistazien garnieren und sofort servieren. Dazu passen
schwarzer Reis (siehe Seite 84), feine
Nudeln oder kleine Kartoffeln.

Aus Stall

Fleisch und Geflügel

und Weide

Das allerbeste Rindsfilet in meinem Leben aß ich vor vielen, vielen Jahren in Frankfurt in einem schlichten Restaurant mit rot-weiß karierten Tischtüchern. Das Fleisch wurde mit einer Senfsauce serviert und schmeckte himmlisch. Ich genoss den Abend mit meiner großen Liebe, meinem späteren Ehemann. Inzwischen weiß ich, dass auch eine große Liebe vergänglich sein kann. Aber ebenso weiß ich, dass auch wieder eine neue große Liebe auftauchen kann. Das ist gut so – das Leben hat mich viel gelehrt.

Kalbsmedaillons an Grüntee-Sternanis-Sauce

300 g Kalbsmedaillons, ca. 3 cm dick
 geschnitten
Gewürzsalz (Seite 141)
1 Esslöffel Olivenöl und 1 Esslöffel Butter

Sauce:
½ Teelöffel Grüntee
100 ml heißes Wasser
100 ml Weißwein
½ Schalotte, fein gehackt
2 Zweige Zitronenthymian
1 Sternanis
100 ml Kalbsfond
40–50 g kalte Butter

2 Zitronenthymianzweiglein als Garnitur
2 Sternanis als Garnitur

Den Backofen auf 70 Grad vorheizen
und zugleich 2 Teller und eine Platte mit
einem Kuchengitter darauf mit vorwärmen.
Für die Sauce den Grüntee mit dem heißen Wasser übergießen und 10–15 Minuten ziehen lassen. Dann abseihen.
Die Kalbsmedaillons würzen und in der
heißen Öl-Butter-Mischung auf jeder
Seite etwa 1 Minute anbraten. Sofort auf
das Kuchengitter in den Ofen geben
und 30–40 Minuten nachziehen lassen.
Für die Sauce den Weißwein mit Schalotte, Zitronenthymian und Sternanis
aufkochen und die Flüssigkeit auf die
Hälfte reduzieren. Den Grüntee und den
Kalbsfond dazugießen, erneut aufkochen
und etwa 20 Minuten schwach köcheln
lassen. Die Sauce durch ein mit einem
Mulltuch ausgekleidetes Sieb in eine
kleine Pfanne gießen, dabei Sternanis
und Zitronenthymian entfernen und die
Schalotten gut ausdrücken. Die Sauce
auf 80 ml reduzieren.

Kurz vor dem Servieren die Sauce nochmals aufkochen, die kalte Butter in
Flocken darunterrühren und abschmecken. Etwas Sauce auf die vorgewärmten
Teller gießen, die Kalbsmedaillons
darauflegen und mit Zitronenthymian
und Sternanis garnieren.

PS. Falls Sie ein ganzes Kalbsfilet garen
möchten, lassen Sie dieses $1\frac{1}{2}$ bis 2 Stunden bei 80 Grad im Ofen nachgaren.

PPS. Anstelle der Butter können Sie auch
50 ml Rahm oder noch besser Doppelrahm verwenden.

PPPS. Zerstampfte Kräuterkartoffeln
passen sehr gut dazu.

Überbackenes Schweinefilet mit Apfel und Calvadossauce

300 g Schweinefilet am Stück
2 Teelöffel grobkörniger Senf
Gewürzsalz (Seite 141)
1 Esslöffel Olivenöl
½ säuerlicher Apfel, entkernt, in feine Schnitze
   geschnitten
150 ml Apfelwein
1 Esslöffel Schnittlauch, fein geschnitten
50 g Greyerzer, frisch gerieben
50 ml Fleischbouillon
80 ml Saucenrahm
2 Esslöffel Calvados
1 Teelöffel fein gehackter Oregano
2 Zweiglein Oregano als Garnitur

Den Backofen auf 220 Grad vorheizen. Das Schweinefilet mit dem Senf bestreichen, mit Gewürzsalz würzen und in einer Bratpfanne im heißen Olivenöl kräftig anbraten. Auf ein mit Backpapier belegtes Blech geben. Die Apfelschnitze im verbliebenen Öl kurz anbraten, mit 50 ml Apfelwein ablöschen und diesen vollständig einkochen lassen. Die Apfelschnitze fächerartig auf das Filet legen, mit dem Schnittlauch bestreuen und den Greyerzer darüber verteilen. Das Fleisch in der Mitte des Ofens etwa 10 Minuten überbacken.

Inzwischen den restlichen Apfelwein (100 ml) in die Bratpfanne geben und auf 1 Esslöffel einkochen. Mit der Fleischbouillon aufgießen und wiederum auf 1 Esslöffel reduzieren. Zuletzt den Saucenrahm dazugeben und aufkochen. Calvados und den gehackten Oregano beifügen und mit Salz und Pfeffer abschmecken.
Das Filet in Scheiben aufschneiden und mit der Sauce auf zwei vorgewärmte Teller anrichten. Mit den Oreganozweiglein garnieren. Dazu passen Thymian-Dinkel-Küchlein (siehe Seite 136).

Pouletbrüstchen tausendund-eine Nacht

Sauce:
1 Esslöffel Olivenöl
1 kleine Schalotte, fein gehackt
1 kleine Knoblauchzehe, gepresst
½ Teelöffel frisch geriebener Ingwer
50 ml Rotwein
200 g Dosentomaten (Pelati), gewürfelt
1–2 Teelöffel Gefügelbouillonpulver
	oder -würfel
½ Teelöffel gemahlener Kreuzkümmel
Cayennepfeffer, Salz
Harissa, nach Belieben
75 ml Kokosmilch oder Rahm

1 Esslöffel Olivenöl
2 Pouletbrüste
Gewürzalz (Seite 141)
1 Teelöffel Butter
2 Esslöffel Korinthen

Für die Sauce das Olivenöl in einer Pfanne erhitzen und darin Schalotte, Knoblauch und Ingwer andünsten. Mit dem Rotwein ablöschen, aufkochen und auf die Hälfte reduzieren. Die Tomaten dazugeben, mit Geflügelbouillonpulver, Kreuzkümmel, Cayennepfeffer und falls nötig Salz würzen. Die Sauce aufkochen und etwa 30 Minuten zugedeckt sanft köcheln lassen.
Inzwischen den Backofen auf 80 Grad vorheizen und zugleich 2 Teller und eine Platte mit vorwärmen.

Das Olivenöl in einer Bratpfanne erhitzen, die Pouletbrüste mit Gewürzsalz würzen und im heißen Öl bei mäßiger Hitze je nach Dicke 5–8 Minuten anbraten. Sofort auf die Platte in den Ofen geben und etwa 30 Minuten nachgaren lassen.
Die Butter in einer kleinen Pfanne schmelzen und die Korinthen darin bei mäßiger Hitze unter ständigem Rühren karamellisieren. Aus der Pfanne nehmen und im Ofen warm halten.
Die Sauce im Mixer oder mit dem Stabmixer pürieren, zurück in die Pfanne gießen, Kokosmilch oder Rahm hinzufügen, aufkochen und mit Salz, Pfeffer und nach Belieben etwas Harissa abschmecken.
Die Pouletbrüste schräg in 4–5 Streifen schneiden, etwas Sauce auf die vorgewärmten Teller gießen, die Pouletstreifen darauflegen und mit den Korinthen garnieren.

PS. Reis, eventuell schwarzer Reis, und gedünsteter Brokkoli sind würdige Begleiter dazu.

Poulet mit Passionsfruchtsauce und Spargeln

2 Pouletbrüstchen
Gewürzsalz (Seite 141)
1 Esslöffel Olivenöl

Sauce:
100 ml Weißwein
100 ml Geflügelbouillon
½ Orange, Saft
½ Schalotte, fein gehackt
6 weiße Pfefferkörner, zerquetscht
2–3 Passionsfrüchte, halbiert, Kerne (Mark) ausgelöst
40–50 g Butter, kalt

Spargel:
200 g grüne Spargel, frisch angeschnitten
10 g Butter

1 Teelöffel rosa Pfefferkörner

Den Backofen auf 80 Grad vorheizen und gleichzeitig zwei Teller und eine Platte mit vorwärmen.
Die Pouletbrüstchen mit Gewürzsalz würzen und im heißen Öl bei mittlerer Hitze 6–8 Minuten anbraten. Auf die Platte in den Ofen geben und 20 Minuten nachgaren lassen.

Inzwischen für die Sauce Weißwein, Geflügelbouillon und Orangensaft mit der Schalotte und den weißen Pfefferkörnern aufkochen und auf 50 ml reduzieren. Das Passionsfruchtmark zur Sauce geben und diese nochmals etwas einkochen. Die Sauce durch ein Sieb gießen, dabei die Rückstände im Sieb gut ausdrücken und die Sauce zurück in den sauberen Topf geben.
Für die Spargel 1 l Wasser aufkochen, 25 g Salz dazugeben und die Spargel darin blanchieren. Abgießen und kurz kalt abspülen.
Kurz vor dem Servieren die Butter für die Spargel schmelzen und diese darin kurz schwenken. Zugleich die Sauce nochmals erhitzen und abseits vom Herd die Butter in Flocken darunterschwenken, abschmecken.
Die Pouletbrüstchen quer in Scheiben schneiden, mit den Spargeln auf den vorgewärmten Tellern anrichten, die Sauce darübergießen und mit den rosa Pfefferkörnern garnieren.

PS. Weißer oder schwarzer Reis (siehe Seite 84) passt gut zu diesem Gericht.

Kalbsbraten mit Steinpilzen

1 Esslöffel Olivenöl und ½ Esslöffel Butter
300 g Kalbsbraten (Huft oder Nuss)
Gewürzsalz (Seite 141)

1 kleine Schalotte, fein gehackt
10 g Butter
½ Knoblauchzehe, gepresst
25 ml Noilly Prat (trockener Wermut)
25 ml Weißwein
8 Cherrytomaten, gehäutet, geviertelt, entkernt
1 Prise Zucker
150 g Steinpilze, geputzt, in Scheiben geschnitten
1 Esslöffel Öl
etwas Zitronensaft
1 Teelöffel Estragonblätter, abgezupft

Den Backofen auf 80 Grad vorheizen, gleichzeitig 2 Teller und eine Platte mit einem Kuchengitter darauf mit vorwärmen.
In einer Bratpfanne die Öl-Butter-Mischung erhitzen. Das Fleisch mit dem Gewürzsalz würzen und 8 Minuten rundum kräftig anbraten. Auf das Gitter in den Ofen geben und 2½ Stunden nachgaren lassen.

Inzwischen die Schalotte in der Butter glasig dünsten, den Knoblauch dazugeben und kurz mitdünsten. Mit Noilly Prat und Weißwein ablöschen, aufkochen und etwas reduzieren. Die Tomaten und den Zucker dazugeben und kurz köcheln lassen, würzen.
Die Steinpilze im heißen Öl scharf anbraten, mit Salz, Pfeffer und Zitronensaft abschmecken.
Vor dem Servieren die Tomaten nochmals kurz erhitzen, das Fleisch in dünne Scheiben aufschneiden und zusammen mit den Tomaten und den Steinpilzen auf den vorgewärmten Tellern anrichten. Mit den Estragonblättern garnieren. Dazu passt der Kartoffelgratin mit grünem Pfeffer und Knoblauch, Seite 130.

Den Bratenfond mit der Weißwein-Marinaden-Mischung ablöschen und auf die Hälfte einkochen. Kurz vor dem Servieren die kalte Butter in Flocken unter die Sauce ziehen und diese nochmals abschmecken.
Die Lammwürfel auf die vorgewärmten Teller verteilen und mit der Sauce begießen. Dazu passen Süßkartoffel-Chips (Seite 139) oder Orangen-Ebly (Seite 132).

Lammrückenragout mit Safran und Knoblauch

1 Esslöffel Olivenöl
1 Esslöffel Wodka
½ Teelöffel gemahlener Kreuzkümmel, trocken geröstet
½ Teelöffel Paprikapulver
½ Briefchen Safran
2 Knoblauchzehen, gepresst
Salz, Pfeffer aus der Mühle
2 Lammrückenfilets, in Würfel geschnitten
100 ml Weißwein
1 Esslöffel Olivenöl
20 g Butter, kalt

Das Olivenöl mit Wodka, Kreuzkümmel, Paprika, Safran, Knoblauch, Salz und Pfeffer verrühren, die Lammwürfel in die Marinade legen, gut mischen und 1 Stunde ziehen lassen.
Den Backofen auf 80 Grad vorheizen und zugleich 2 Teller und eine Platte mit vorwärmen.
Die Lammwürfel aus der Marinade nehmen und diese abstreifen. Den Weißwein mit der verbliebenen Marinade mischen und beiseite stellen.
Die Lammwürfel im heißen Olivenöl etwa 2 Minuten rundherum anbraten, auf die vorgewärmte Platte geben und im Ofen 20 Minuten nachgaren lassen.

Kalbstatar

200 g absolut frisches Kalbfleisch (Nuss oder Huft), vom Metzger zu Tatar schneiden lassen
Salz, Pfeffer aus der Mühle
wenig Zitronensaft
2 Teelöffel Zitronenöl
½ Teelöffel Trüffelöl
1 Hauch frisch geriebene Muskatnuss
einige Tropfen Tabasco
einige Tropfen Worcestersauce

Garnitur:
2 Frühlingszwiebeln, in feine Ringe geschnitten
2 Zitronenschnitze
frischer Trüffel, nach Belieben

Sämtliche Zutaten bis auf jene zur Garnitur mit dem Fleisch mischen und nach Gusto abschmecken. Auf 2 Tellern zu Steaks formen und mit Frühlingszwiebelröllchen, Zitronenschnitzen und nach Belieben fein gehobelter Trüffel garnieren. Mit Brot oder frischem Toastbrot servieren.

PS. Dies ist eine kleine, aber exquisite Mahlzeit für viel Sinnlichkeit.

PPS. Falls Sie kein Trüffelöl zur Verfügung haben, verwenden Sie Zitronenöl oder ein feines Nussöl.

Kurz vor dem Servieren die Sauce nochmals bis kurz vors Kochen bringen, abseits vom Herd die Butter in Flocken darunterschwenken und abschmecken. Die Pouletbrüstchen auf die vorgewärmten Teller legen und mit der Sauce übergießen. Dazu passt ein Champagnerrisotto, zerstampfte Kräuterkartoffeln oder Thymian-Dinkel-Küchlein (siehe Seite 136).

PS. Als Variante können Sie die gegarten Pouletbrüstchen auch in 4–5 Streifen schneiden, diese dekorativ auf den Tellern anrichten und mit der Sauce servieren.

Huhn an Balsamicosauce

2 Pouletbrüstchen
Gewürzsalz (Seite 141)
1 Esslöffel Olivenöl

100 ml Weißwein
100 ml Geflügelbouillon
1 Knoblauchzehe, gepresst
1 Teelöffel frisch geriebener Ingwer
50 ml Balsamicoessig
1 Teelöffel eingelegte Pfefferkörner, abgespült, nach Belieben
40 g Butter, kalt

Den Backofen auf 80 Grad vorheizen und gleichzeitig zwei Teller und eine Platte mit vorwärmen.
Die Pouletbrüstchen mit Gewürzsalz würzen und im heißen Öl bei mittlerer Hitze 6–8 Minuten anbraten. Auf der Platte in den Ofen geben und etwa 20 Minuten nachgaren lassen.
Inzwischen den Weißwein und die Geflügelbouillon aufkochen, Knoblauch und Ingwer dazugeben und die Flüssigkeit auf die Hälfte einkochen, durch ein Sieb abgießen und wieder zurück in die ausgespülte Pfanne geben. Den Balsamico und die Pfefferkörner dazugeben und die Sauce auf 50 ml reduzieren.

Tikka-Pouletstreifen

300 g Hühnerfleisch, in Streifen geschnitten
½ Zitrone, Saft
2 Esslöffel Tikka- oder milde Currypaste
1 Knoblauchzehe, gepresst
75 ml griechischer Joghurt
½ Bund Koriander oder Petersilie, gehackt
Salz, Pfeffer aus der Mühle
1 Esslöffel Öl zum Braten

Den Zitronensaft mit der Tikka- oder Currypaste und der Hälfte des Knoblauchs mischen und die Pouletstreifen darin mindestens 30 Minuten marinieren. Den Joghurt glattrühren, Koriander oder Petersilie daruntermischen und mit dem restlichen Knoblauch, Salz und Pfeffer würzen.
Im Wok oder in einer weiten Pfanne das Öl erhitzen und die Pouletstreifen darin 5–7 Minuten unter ständigem Rühren durchbraten. Zusammen mit dem gewürzten Joghurt und Kokosreis (Seite 135), Naan-Brot oder frischem Baguette servieren. Die »Auberginen mit fünf Gewürzen«, siehe Seite 135, ergänzen das Gericht vortrefflich.

Das Geflügel auf zwei Tellern anrichten und mit dem Thymian garnieren. Den Jus mit dem Gemüse und dem Knoblauch separat dazu servieren. Nach Belieben das weiche Knoblauchfleisch aus den Schalen pressen und zum Fleisch genießen.

PS. Keine Angst, durch die lange Garzeit wird der Knoblauch wunderbar mild und schmeichelnd im Geschmack.

PPS. Ein Gemüse Ihrer Wahl und Süßkartoffel-Chips passen perfekt dazu.

Stubenküken mit zwanzig Knoblauchzehen

2 Stubenküken (Mistkratzerli)
Gewürzsalz (Seite 141)
½ Bund (Zitronen-)Thymian
1 Esslöffel Olivenöl
100 g Sellerie, klein gewürfelt
100 g Karotte, geschält, klein gewürfelt
20 Knoblauchzehen, ungeschält
75 ml trockener Weißwein
2 Stücke Zitronenzeste
1 Esslöffel Balsamicoessig, nach Belieben

einige Thymianzweige als Garnitur

Den Backofen auf 200 Grad vorheizen. Das Geflügel rundherum mit Gewürzsalz würzen, einige Thymianzweige in die Bauchhöhle stecken. Das Öl in einer Kasserolle erhitzen und das Geflügel darin im Ofen rundherum anbraten. Die restlichen Zutaten bis auf den Balsamico dazugeben und das Geflügel 40–50 Minuten weiterbraten. Ab und zu mit etwas Bratensaft beträufeln. Am Schluss den Balsamico zum Jus geben und diesen abschmecken.

Flambiertes Rindsfilet mit Senfsauce

2 Stücke gut gelagertes Rindsfilet à 200 g
Gewürzsalz (Seite 141)
2 Esslöffel Olivenöl
2–4 Esslöffel Wodka oder Cognac
1 kleine Schalotte, fein gehackt
100 ml Kalbsfond
1 Esslöffel Senf
1 Teelöffel Tomatenpüree
½ Knoblauchzehe, gepresst
50 ml Doppelrahm
1 Esslöffel grobkörniger Senf
Salz, Pfeffer aus der Mühle

Den Backofen auf 80 Grad vorheizen
und gleichzeitig zwei Teller und eine Platte
mit einem Kuchengitter darauf mit vorwärmen.
Das Fleisch mit dem Gewürzsalz würzen.
Eine Bratpfanne auf höchster Stufe leer
erhitzen, das Öl hineingeben und, sobald
es rauchheiß ist, die Filetstücke darin
2–3 Minuten braten. Mit dem Wodka
oder Cognac übergießen und flambieren.
Das Fleisch aus der Pfanne nehmen und
auf der vorgewärmten Platte im Ofen
20–30 Minuten nachgaren lassen.
Die Schalotte im Bratensatz andünsten,
mit dem Kalbsfond ablöschen, Senf,
Tomatenpüree und Knoblauch darunterrühren, dann Doppelrahm und grobkörnigen Senf beifügen, mischen, leicht
eindicken lassen und abschmecken.
Die Filets zusammen mit der Sauce
auf den vorgewärmten Tellern anrichten.
Dazu feine Nudeln oder Lilareis mit
einem Gemüse – ein Festessen!

PS. Lilareis, eine Spezialität aus Laos, ist
eine Mischung aus aromatischem weissem
Reis aus Vangvien mit weissem und lila
Klebreis. Beim Kochen färbt sich der Reis
lila (siehe www.claro.ch oder
www.gepa.de).

Rindsfilet mit Grünpfeffersauce

4 gut gelagerte Rindsfiletsteaks à 200 g
Gewürzsalz (Seite 141)
Öl zum Anbraten
2 Esslöffel Cognac
4 Esslöffel Weißwein
200 ml Kalbsfond
1 Esslöffel grüner Pfeffer, abgespült,
    abgetropft
50 ml Rahm
1 Esslöffel kalte Butter

Den Backofen auf 80 Grad vorheizen
und gleichzeitig zwei Teller und eine
Platte mit einem Kuchengitter darauf
vorwärmen.
Die Steaks mit Gewürzsalz würzen. Eine
Bratpfanne leer stark erhitzen, wenig
Öl hineingeben und, sobald es rauchheiß
ist, die Filetsteaks darin auf beiden Seiten
2–3 Minuten rasch und kräftig anbraten.
Die Steaks herausnehmen, mit Küchenpapier trockentupfen und im Ofen auf
dem Gitter 40 Minuten nachgaren lassen.
Das Bratfett in der Pfanne mit Küchenpapier auftupfen, den Bratensatz mit
Cognac und Weißwein ablöschen und
diese verdunsten lassen, dann den Kalbsfond beigeben und auf die Hälfte einkochen.
Die Hälfte des Pfeffers grob hacken und
zusammen mit den ganzen Pfefferkörnern
zur Sauce geben. Den Rahm beifügen
und zuletzt die eiskalte Butter in Flocken
einrühren, abschmecken. Die Sauce nicht
mehr kochen lassen.
Die Steaks auf die vorgewärmten Teller
geben und mit der Pfeffersauce überzie-
hen. Als Beilage passen Thymian-Dinkel-
Küchlein (Seite 136) oder zerstampfte
Kräuterkartoffeln.

Lammkoteletts
mit Pasandasauce

2 Esslöffel Öl

4 Lammkoteletts

Salz und Pfeffer aus der Mühle oder Gewürzsalz (Seite 141)

1 Zwiebel, fein gehackt

1 Knoblauchzehe, gepresst

1 rote Chili, entkernt, in feine Ringe
   geschnitten

1 Stück Ingwer, frisch gerieben

wenig Kurkuma

1 Teelöffel gemahlener Koriander

1 Teelöffel gemahlener Kreuzkümmel

wenig Muskatnuss, Cayennepfeffer

100 ml Rindsbouillon

40 g gemahlene Mandeln

150–200 ml Kokosmilch

½ Teelöffel Garam Masala

Garnitur:

2 Pfefferminzblätter

1 Esslöffel Mandelblättchen, trocken geröstet

Den Backofen auf 70 Grad vorheizen
und gleichzeitig zwei Teller und eine
Platte mit vorwärmen.
Das Öl in einer Pfanne erhitzen, die
Lammkoteletts mit Salz und Pfeffer oder
Gewürzsalz würzen und im heißen Öl
2–3 Minuten kräftig anbraten. Im Ofen
30–40 Minuten nachgaren lassen.

Im verbliebenen Öl die Zwiebel bei
mäßiger Hitze 10 Minuten weich und
glasig dünsten, Knoblauch, Chili und
Ingwer dazugeben und 1 Minute weiterdünsten, dann Kurkuma, Koriander,
Kreuzkümmel, Muskatnuss und Cayennepfeffer beifügen und unter ständigem
Rühren bei schwacher Hitze weitere
2–3 Minuten dünsten. Mit der Rindsbouillon ablöschen, aufkochen, die
Kokosmilch hinzufügen und alles gut umrühren. Zugedeckt bei schwacher Hitze
20–25 Minuten köcheln lassen. Falls
nötig, am Schluss die Flüssigkeit noch
etwas einkochen lassen. Die Sauce mit
Garam Masala abschmecken.
Die Lammkoteletts mit der Sauce auf den
vorgewärmten Tellern anrichten und mit
Pfefferminzblättern und Mandelblättchen
garnieren. Dazu Basmatireis servieren.

Aus Feld

Vegetarische Gerichte
und Garten

Mein erster Freund war erstaunlich fantasievoll, wenn es um Liebesstunden ging. An einem lauschigen Sommerabend entführte er mich in einen wilden Garten irgendwo in Südengland. Im Garten verstreut waren an Stöcken befestigte rote Herzballone verteilt. Und bei jedem Herzballon entdeckte ich eine kulinarische Köstlichkeit, dazu Champagner oder Wein. Ich sammelte all die Leckereien in einem Korb. Beim letzten Ballon entdeckte ich ein Himmelbett, einen Tisch und ein Meer von brennenden Kerzen ...

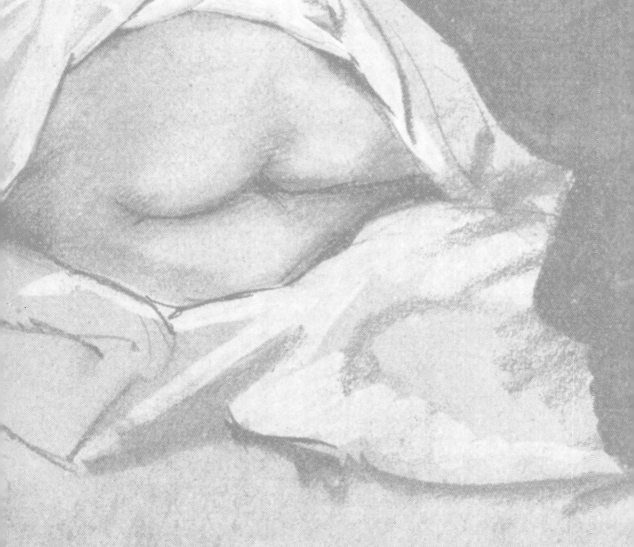

Pochierte Eier an Safransauce

Sauce:
1 Schalotte, fein gehackt
1 Teelöffel Olivenöl
100 ml Weißwein
100 ml Gemüsebouillon
60 ml Doppelrahm
½ Briefchen Safran
Salz, weißer Pfeffer aus der Mühle

100 ml Weißweinessig
4 frische Eier

Die Schalotte im mäßig heißen Olivenöl
glasig dünsten, mit dem Weißwein ablöschen, aufkochen und etwas reduzieren,
dann die Bouillon dazugießen und die
Flüssigkeit auf 50 ml einkochen. Die
Sauce durch ein Sieb abgießen und dabei
die Schalotten gut ausdrücken. Die Flüs-
sigkeit zurück in den Topf geben, den
Rahm beifügen und weiter kochen, bis
eine sämige Sauce entstanden ist. Mit
Safran, Salz und weißem Pfeffer würzen.
In einer weiten Kasserolle 1½ Liter Wasser aufkochen. Die Eier einzeln in eine
Tasse aufschlagen. Sobald das Wasser
kocht, die Hitze reduzieren, den Essig
hinzufügen und die Eier einzeln ins
Wasser gleiten lassen, dabei mit einem
Löffel das Eiweiß möglichst rund formen.
Die Eier 4 Minuten knapp unter dem
Siedepunkt pochieren. Dann mit einer
Schaumkelle herausheben, kurz auf
doppelt gelegtes Küchenpapier legen und
abtupfen. Auf zwei vorgewärmte Teller
jeweils 2 Eier geben, mit der Sauce über-
gießen und sofort servieren. Dazu Salz,
Pfeffer und frisches Brot reichen.

PS. Auf Tomatenrisotto (siehe Seite 123)
oder einem Linseneintopf (siehe rechts)
serviert, eine Delikatesse! Passt aber auch
gut zu grünen Spargeln.

Würziger Linseneintopf

300 getrocknete Linsen
2 Esslöffel Öl
2 Teelöffel Panch Phoron (siehe rechts)
½ Teelöffel schwarze Senfsamen
2 Knoblauchzehen, fein gehackt
1 Zwiebel, fein gehackt
1 Esslöffel frisch geriebener Ingwer
1 rote Chili, entkernt, in feine Streifen
    geschnitten
1 kleiner Lauch, in feine Ringe geschnitten
2 Karotten, geschält, klein gewürfelt
1 kleine Sellerieknolle, geschält, klein
    gewürfelt
1 Kartoffel, geschält, klein gewürfelt
200 ml Weißwein
1 Lorbeerblatt
2 Nelken
200 ml Gemüsebouillon
200 g gehackte Dosentomaten (Pelati)
Salz, Pfeffer aus der Mühle
20 g Butter
2 Esslöffel gehackter Koriander, Petersilie
    oder Thymian

Die Linsen über Nacht einweichen. Am
folgenden Tag das Wasser abgießen.
Das Öl in einem schweren Topf erhitzen,
Panch Phoron und Senfsamen dazugeben, einmal umrühren, dann den Knoblauch beifügen, wieder umrühren und
nach 15 Sekunden Zwiebel, Ingwer
und Chili beifügen und alles 3 Minuten
dünsten. Nun sämtliches Gemüse und die
Linsen dazugeben und weitere 3–5 Minuten dünsten. Mit dem Weißwein ablöschen, aufkochen und etwas reduzieren,
dann Lorbeerblatt und Nelken, die Gemüsebouillon und die gehackten Tomaten
beigeben und alles zugedeckt köcheln
lassen, bis die Linsen weich sind. Mit Salz
und Pfeffer abschmecken und die kalte
Butter in Flocken darunterziehen. Mit
den gehackten Kräutern garnieren.

PS. Panch Phoron ist eine klassische nord-
indische Gewürzmischung aus gleichen
Teilen von fünf verschiedenen Gewürzen:
schwarze Senfsamen, echter Schwarz-
kümmel, Fenchelsamen, Kreuzkümmel
und Bockshornkleesamen. Panch Phoron
ist im Asienladen oder in Warenhäusern
mit gut sortierter Asienabteilung erhältlich. Oder Sie mischen sich das Gewürz
selbst.

PPS. Gehaltvoller wird der Linseneintopf,
wenn Sie einige Scheiben Bratspeck
in Streifen schneiden, ohne Ölzugabe
in einer Bratpfanne knusprig braten und
vor dem Servieren darüberstreuen.

Pilzragout Stroganoff

2 Esslöffel Olivenöl
2 kleine Schalotten, fein gehackt
500 g gemischte Pilze (z.B. Champignons,
    Pfifferlinge, Steinpilze, Shiitake), in Scheiben
    geschnitten
100 ml Rotwein
50 ml kräftige Gemüsebouillon
1 Esslöffel Sojasauce
1 Esslöffel Paprikapulver
2 Prisen frisch geriebene Muskatnuss
1 Prise Cayennepfeffer
Salz, Pfeffer aus der Mühle
2 Teelöffel Cognac
300 ml Sauerrahm
je ½ Esslöffel fein gehackter Majoran
    und Thymian
je 2 Zweiglein Majoran und Thymian
    als Garnitur

Das Olivenöl in einer Pfanne erhitzen
und darin die Schalotten bei sanfter Hitze
goldgelb dünsten. Die Temperatur etwas
erhöhen und die Pilze 5 Minuten mit-
dämpfen. Rotwein, Gemüsebouillon und
Sojasauce dazugießen, aufkochen, mit
Paprika, Muskatnuss, Cayennepfeffer,
Salz und Pfeffer würzen und in der
offenen Pfanne etwa 5 Minuten weiter-
köcheln lassen, bis die Flüssigkeit auf
die Hälfte reduziert ist. Den Cognac, den
Sauerrahm und die gehackten Kräuter
darunterrühren, nochmals kurz erhitzen
und abschmecken. Auf vorgewärmte
Teller anrichten und mit den Kräuter-
zweiglein garnieren.

PS. Trockenreis, Nudeln oder Polenta
passen gut dazu.

Penne mit Erbsen-Carbonara

250 g Penne
75 g Erbsen, frisch oder tiefgekühlt
1 Ei
100 ml Rahm
Salz, Pfeffer aus der Mühle
Tabasco, nach Belieben
2 Esslöffel Pfefferminze, gehackt
einige Pfefferminzblätter als Garnitur
frisch geriebener Parmesan oder Sbrinz

Die Penne in reichlich kochendem Salzwasser bissfest kochen. 2 Minuten vor Ende der Kochzeit die Erbsen dazugeben und mitkochen.
Inzwischen das Ei mit dem Rahm verquirlen, mit Salz und Pfeffer großzügig würzen und nach Belieben ein paar Tropfen Tabasco hinzufügen.
Die abgetropften Penne und Erbsen rasch mit der Ei-Rahm-Mischung und der gehackten Pfefferminze mischen. Sofort in vorgewärmten tiefen Tellern anrichten, mit den Pfefferminzblättern garnieren und servieren. Den Parmesan oder Sbrinz separat dazu reichen.

PS. Für eine deftigere Variante schneiden Sie 6 Scheiben Speck in Streifen und braten sie in einer Pfanne knusprig. Am Schluss darunterrühren.

Gazpacho-Kartoffelsalat

400 g kleine neue Kartoffeln, ungeschält
   gewaschen, wenn nötig halbiert
1 Esslöffel Weißweinessig
2 Esslöffel Olivenöl
1 Teelöffel Senf
1 Prise Zucker
Salz, Pfeffer aus der Mühle
1 Tomate, entkernt, klein gewürfelt
½ gelbe Paprikaschote, klein gewürfelt
1 kleines Stück Zucchetti, entkernt, klein
   gewürfelt
½ kleine rote Zwiebel, fein gehackt
½ Knoblauchzehe, gepresst
2 Esslöffel grob gehackte glatte Petersilie

Die Kartoffeln in 1 Liter knapp kochendem Salzwasser 10–12 Minuten weich kochen, abgießen und abtropfen lassen.
Inzwischen Essig, Olivenöl und Senf gut verrühren, mit Zucker, Salz und Pfeffer würzen.
Die Kartoffeln mit allen übrigen Zutaten unter die Sauce mischen und kurz ziehen lassen.
Den Kartoffelsalat heiß, lauwarm oder ausgekühlt servieren.

Geschmortes Wurzelgemüse mit Orange

250 g Kürbis, in 4 x 4 cm große Würfel geschnitten
2 dünne Karotten, geschält, längs halbiert, in 2 cm breite Stücke geschnitten
4 Schalotten, geschält, geviertelt
1 Süßkartoffel, geschält, in 4 x 4 cm große Würfel geschnitten
4 Knoblauchzehen, geschält
½ Orange, ausgepresster Saft, Schale in 4 Stücke geschnitten
2 Rosmarinzweige
2 Esslöffel Olivenöl
Salz, Pfeffer aus der Mühle

Den Backofen auf 200 Grad vorheizen. Sämtliche Zutaten in eine Schüssel geben, großzügig würzen und alles gut miteinander mischen. In einer Lage in eine entsprechend große ausgebutterte Gratinform füllen und 20 Minuten in der Mitte des vorgeheizten Ofens schmoren. Das Gemüse wenden und weitere 20 Minuten schmoren lassen, bis das Gemüse leicht karamellisiert ist. Wenn nötig, noch etwas Wasser dazugießen. Die Orangenschale entfernen und das Gemüse heiß servieren.

Spaghetti mit Peperoncini, Frühlingszwiebeln und Pinienkernen

2 Esslöffel Olivenöl
4 Frühlingszwiebeln, in etwa 1 cm breite Ringe geschnitten
3 Knoblauchzehen, in feine Scheiben geschnitten
2 rote Peperoncini, entkernt, in feine Ringe geschnitten
1 Teelöffel Tomatenpüree
2 Tomaten, gehäutet, entkernt, klein gewürfelt
60 ml Gemüsebouillon
2 Teelöffel in Salz eingelegte Kapern, gut abgespült
1 Esslöffel Thymian oder glatte Petersilie, gehackt
Salz, Pfeffer aus der Mühle

200 g Spaghetti
2 Esslöffel Pinienkerne, trocken geröstet
geriebener Parmesan

In einer Pfanne das Olivenöl erhitzen und darin bei mäßiger Hitze Frühlingszwiebeln, Knoblauch und Peperoncini andünsten. Das Tomatenpüree und die gewürfelten Tomaten dazugeben, mit der Gemüsebouillon ablöschen, die Kapern und die Kräuter beifügen und kurz köcheln lassen. Mit Salz und Pfeffer abschmecken.
Die Spaghetti in reichlich Salzwasser al dente kochen. Abgießen, abtropfen lassen und gut mit der heißen Sauce mischen. Die Spaghetti auf zwei vorgewärmte Teller verteilen und mit den Pinienkernen bestreuen. Den Parmesan separat dazu reichen.

Auf vorgewärmte Teller anrichten und mit den beiseite gelegten Tomatenwürfeln und Basilikumblättern garnieren.

PS. Traditionell verwendet man in Italien für Risotto Fleisch- oder Geflügelbouillon. Ich ziehe Gemüsebouillon vor, was sich übrigens auch vorteilhaft auf den Säure-Basen-Haushalt auswirkt.

Tomaten-Basilikum-Risotto

1 Schalotte oder Zwiebel, fein gehackt
20 g Butter
160 g Risottoreis (Carnaroli oder Arborio)
2 Tomaten (ca. 300 g), gehäutet, entkernt, klein gewürfelt
100 ml Weißwein
ca. ½ l Gemüsebouillon, heiß
Pfeffer aus der Mühle
25 g Parmesan, frisch gerieben
20 g Butter, nach Belieben
einige Basilikumblätter, fein geschnitten
einige ganze Basilikumblätter als Garnitur

Die Schalotte oder Zwiebel in der heißen Butter bei mittlerer Hitze 4–5 Minuten glasig dünsten. Den Reis dazugeben und ebenfalls glasig und glänzend dünsten. Einige Tomatenwürfel als Garnitur beiseite legen, die restlichen Tomaten zum Reis geben und unter ständigem Rühren weiterdünsten, bis der Saft verdampft ist. Den Wein beifügen und vollständig einkochen lassen. Nach und nach die Bouillon dazugießen und den Risotto unter häufigem Rühren etwa 17 Minuten al dente kochen. Zuletzt mit Pfeffer abschmecken, Parmesan, Butter und den fein geschnittenen Basilikum darunterziehen und gründlich mischen.

PS. Diese Tomaten schmecken wunderbar zu Teigwaren, Polenta, Brot oder Rührei. Sie können aber auch auf einem Risotto einen königlichen Platz einnehmen oder einfach als Gemüsebeilage genossen werden. Sie werden bestimmt viele Einsatzmöglichkeiten finden.

Karamellisierte Tomaten mit Basilikum

10 g Butter
1 Knoblauchzehe, in feine Scheiben geschnitten
4 Flaschen- oder Ramatomaten, halbiert
2–3 Esslöffel Balsamicoessig
Olivenöl
1 Teelöffel Rohzucker
Salz, Pfeffer aus der Mühle
½ Bund Basilikum, in feine Streifen geschnitten

Den Backofen auf 170 Grad vorheizen. Eine ofenfeste Form, in der die Tomatenhälften gerade schön Platz haben, ausbuttern und den Knoblauch auf dem Boden der Form verteilen. Die Tomaten hineingeben, mit Balsamico und Olivenöl beträufeln und mit Zucker, Salz und Pfeffer würzen. Im vorgeheizten Ofen mindestens 1 Stunde karamellisieren lassen. Bei Bedarf etwas Wasser nachgießen. Vor dem Servieren den Basilikum darüberstreuen.

Mezzalune und Ravioli mit Zitronenbutter

400 g frische Mezzalune und Ravioli mit einer
    Füllung nach Ihren Wünschen
30–40 g frische Butter
1 unbehandelte Zitrone, Saft und Streifen
    von der Schale
6–8 Salbeiblätter
Frisch geriebener Parmesan

Die Teiwaren nach Anweisung in Salzwasser al dente kochen.
Unterdessen die Butter in einer kleinen Pfanne bei nicht zu starkem Feuer erhitzen, bis sich der Schaum legt und die Butter goldgelb, aber noch nicht braun ist. Die Zitronenstreifen und Salbeiblätter dazugeben und einige Sekunden unter Rühren leicht rösten. Den ganzen Inhalt mit dem Zitronensaft über die gekochten und abgetropften Tortelli giessen, sorgfältig mischen und sofort servieren. Geriebenen Parmesan dazu reichen.

PS. Zwei verschiedene Teigwaren sehen besonders hübsch aus. Beachten Sie in diesem Fall die eventuell verschiedenen Kochzeiten.

PPS. Nach Belieben einige Cherrytomaten, geschält, entkernt und geviertelt, mit den Salbeiblättern zur Sauce geben.

Die passende

Gemüse, Beilagen, Grundrezepte

Begleitung

Auf meiner Amerikareise im Jahr 1976 war ich per Autostopp unterwegs.
In Arizona nahmen mich drei junge Leute mit, zwei Brüder und die
Freundin des Fahrers. Sie fuhren auf Urlaub in die Tuscon Mountains und
fragten mich, ob ich nicht Lust hätte, sie zu begleiten. Eigentlich war
mein nächstes Ziel der Grand Canyon gewesen, doch ich hatte Zeit und war
schließlich da, um Land und Leute kennenzulernen. Ich nahm die
Einladung an – und mehr verrate ich nicht.

Kartoffelgratin mit grünem Pfeffer und Knoblauch

500 g mehlig kochende Kartoffeln, geschält
350 ml Kokosmilch
½ Knoblauchzehe
½ Teelöffel Gewürzsalz
wenig geriebene Muskatnuss
1 Teelöffel eingelegter Pfeffer, abgespült
20 g Greyerzer, frisch gerieben
1 Teelöffel Butter

Den Backofen auf 180 Grad vorheizen. Die Kartoffeln in dünne Scheiben direkt in eine Schüssel hobeln. Mit den übrigen Zutaten außer dem Greyerzer und der Butter sehr gut mischen. In eine ausgebutterte Gratinform geben, mit dem Käse bestreuen und die Butter in Flocken darüber verteilen. In der Mitte des vorgeheizten Ofens ungefähr 1 Stunde backen.

PS. Servieren Sie diesen Gratin zu einem Fleischgericht ohne Sauce oder einfach mit einem Gemüse oder Salat.

PPS. Anstelle der Kokosmilch können Sie auch 100 ml Milch und ¼ l Rahm oder Saucenrahm verwenden.

Zerstampfte Kräuterkartoffeln

400 g mehlig kochende Kartoffeln, geschält, in Würfel von ca. 2½ cm Kantenlänge geschnitten
2 Knoblauchzehen, in Scheiben geschnitten
3 Esslöffel Olivenöl
½ Zitrone, abgeriebene Schale
1 Bund Basilikum, Blätter grob zerzupft
wenig Muskatnuss, frisch gerieben
Salz, Pfeffer aus der Mühle

Kartoffeln und Knoblauch in reichlich schwach kochendem Salzwasser offen etwa 12 Minuten weich kochen. Abschütten und gut abtropfen, dann mit dem Knoblauch wieder zurück in den Topf geben.
In einer kleinen Pfanne das Olivenöl mit der Zitronenschale 1 Minute erhitzen, die Basilikumblätter einige Sekunden mitdünsten, dann die Ölmischung zu den Kartoffeln geben, mit Muskatnuss, Salz und Pfeffer würzen und die Kartoffeln mit einem Kartoffelstampfer grob zerstampfen. Abschmecken und heiß servieren.

PS. Schnittlauch, Kerbel, Koriander, Petersilie und andere Kräuter passen ebenfalls, je nach Saison und je nachdem, wozu Sie die Kartoffeln servieren.

PPS. Für Senfkartoffelpüree 1 Esslöffel grobkörnigen Senf dazugeben, für Meerrettichkartoffeln 1 Esslöffel Meerrettichcreme, für Tomatenkartoffeln 1 Esslöffel grob gehackte getrocknete Tomaten.

Orangen-Ebly mit Sultaninen und Pistazien

10 g Butter
½ Schalotte, fein gehackt
125 g Ebly (auch Zartweizen genannt, vorgegarter Hartweizen)
300 ml Gemüsebouillon, heiß
1 Orange, abgeriebene Schale und Saft
½ Päckchen Safranpulver
25 g Mandelstifte, trocken geröstet
25 g Pistazien, trocken geröstet
25 g Sultaninen
25 g Butter, flüssig
Salz, Pfeffer aus der Mühle

Die Butter in einer Pfanne erwärmen und die Schalotte darin glasig dünsten. Den Ebly dazugeben und ebenfalls glasig dünsten. Mit der Bouillon aufgießen, aufkochen, die Orangenschale daruntermischen und den Weizen auf kleinster Hitze zugedeckt etwa 18 Minuten köcheln lassen. Zuletzt den Orangensaft und alle weiteren Zutaten mit einer Gabel unter den Reis mischen. Mit Salz und Pfeffer abschmecken.

PS. Sie können den Ebly auch im Ofen bei 180 Grad 18–20 Minuten zugedeckt garen. Die Gefahr, dass er anbrennt, ist dann weniger groß.

PPS. Für eine reichhaltigere Variante geben Sie nach 10 Minuten Garzeit 2 in Würfel geschnittene Pouletbrüste dazu. Nach Bedarf etwas Bouillon nachgießen und sofort wieder zudecken. Für eine reichhaltigere vegetarische Variante statt dem Poulet 100 g Kichererbsen dazugeben.

PPPS. Der Zartweizen Ebly ist reich an Ballaststoffen, Mineralien und Vitaminen. Weitere Informationen erhalten Sie unter www.ebly.com.

Kokosreis

½ Esslöffel Öl
125 g Reis
1 Prise Jamaikapfeffer (Piment)
1 Prise Muskatblüte
½–¾ Teelöffel Kurkuma
50 ml Weißwein
100 ml Gemüsebouillon, heiß
150 ml Kokosmilch
Salz, Pfeffer aus der Mühle

Das Öl in einem Topf mit schwerem
Boden erhitzen und den Reis darin bei
mittlerer Hitze glasig dünsten. Die Gewürze dazugeben und kurz unter Rühren
mitdünsten, mit dem Weißwein ablöschen
und diesen vollständig einkochen lassen.
Die Bouillon und die Kokosmilch dazugeben und den Reis bei schwacher Hitze
20 Minuten köcheln lassen, bis er al dente
ist. Wenn nötig, noch zusätzlich etwas
Bouillon oder Kokosmilch nachgießen.
Mit Salz und Pfeffer würzen. Dieser
Reis passt sehr gut zu Fisch- und Fleisch-
gerichten.

Auberginen mit fünf Gewürzen

500 g Auberginen, in 1 cm dicke Scheiben
    geschnitten
Salz
Olivenöl
1 Knoblauchzehe, fein gehackt
2 Prisen Fünfgewürzpulver
1–2 Esslöffel Essig
1 Esslöffel Sojasauce
1 Frühlingszwiebel, Schnittlauch
    oder Koriander, fein geschnitten

Die Auberginenscheiben salzen und
mindestens 30 Minuten Flüssigkeit ziehen
lassen.
Den Backofen auf 220 Grad vorheizen.
Die Auberginenscheiben mit Küchenpapier abtupfen oder in der Salatschleu-
der trockenschleudern. Dann die Auberginenscheiben auf beiden Seiten mit
Olivenöl bestreichen und auf ein ein-
geöltes Backblech legen. Im vorgeheizten
Ofen goldbraun backen, dabei einmal
wenden.
In einer Bratpfanne oder im Wok ½ Esslöffel Olivenöl erhitzen und den Knoblauch darin kurz anbraten. Die Auberginenscheiben und das Fünfgewürzpulver
dazugeben, darin wenden, Essig und
Sojasauce daruntermischen und nochmals unter Rühren 1–2 Minuten weiterbraten.
Die Auberginenscheiben auf einer Platte
anrichten und mit Frühlingszwiebel,
Schnittlauch oder Koriander garnieren.

PS. Dieses Gericht schmeckt auch kalt
vorzüglich.

Thymian-Dinkel-Küchlein

60 g Dinkelmehl
1 Messerspitze Backpulver
2 Prisen Salz
Pfeffer aus der Mühle
wenig geriebene Muskatnuss
2 Esslöffel Thymianblätter
1 Ei
150 ml Milch
Olivenöl für die Förmchen

Das Mehl mit Backpulver, Salz, Pfeffer, Muskatnuss und Thymian mischen und in der Mitte eine Mulde formen. Das Ei mit der Milch verrühren und die Mischung nach und nach unter Rühren mit dem Schwingbesen in die Mulde gießen. Weiterrühren, bis ein glatter Teig entstanden ist. Den Teig 30 Minuten bei Raumtemperatur oder einige Stunden im Kühlschrank quellen lassen. 1 Stunde vor der Weiterverarbeitung aus dem Kühlschrank nehmen.
Den Backofen auf 220 Grad vorheizen. 4 Muffinförmchen von 100 ml Inhalt mit Olivenöl auspinseln. Den Teig bis etwa 3 mm unter den Rand in die Förmchen gießen und in der Mitte des vorgeheizten Ofens 20–25 Minuten backen, bis sie aufgegangen und goldbraun sind. Achtung, den Backofen nie öffnen, da die Küchlein sonst zusammenfallen.
Die Küchlein aus den Förmchen lösen und sofort servieren. Sie passen als Beilage zu einem Fleischgericht wie Roastbeef oder ergeben mit einem bunten Saisonsalat eine kleine Mahlzeit für sich.

PS. Statt mit Thymian können Sie die Küchlein auch mit einer Messerspitze Safran oder Currypulver würzen.

PPS. Diese in der amerikanischen Küche «Popover» genannten Küchlein sind dem Yorkshire Pudding ähnlich und sollen auf diesen zurückgehen. Der Name «Popover» kommt von der Tatsache, dass der Teig während des Backens wie ein Ballon über den Rand der Förmchen aufgeht, beim Herausnehmen allerdings wieder etwas in sich zusammenfällt.

Marinierter Brokkoli mit Basilikum und Baumnüssen

300 g Brokkoli, in Röschen zerteilt
Salz
wenig abgeriebene Zitronenschale
1½ Esslöffel Zitronensaft
2 Esslöffel Olivenöl
1 Knoblauchzehe, gepresst
Pfeffer aus der Mühle
½ Bund Basilikum, fein geschnitten
20 g Baumnüsse, grob gehackt

Den Brokkoli in reichlich kochendem Salzwasser (25 g Salz pro 1 Liter Wasser) 4–6 Minuten bissfest garen.
Inzwischen die übrigen Zutaten bis auf die Baumnüsse gut verrühren. Unter den fertig gegarten Brokkoli mischen und kurz durchziehen lassen. Zuletzt mit den gehackten Baumnüssen bestreuen.

Cocktail-Dip

100 g Quark
1 Esslöffel Mayonnaise
½ Teelöffel Senf
2 Esslöffel Ketchup
je 1 Messerspitze Zwiebel- und Ingwerpulver,
    nach Belieben
1 Esslöffel Orangensaft
wenig abgeriebene Orangenschale,
    nach Belieben
1 Teelöffel Cognac
Salz, Pfeffer aus der Mühle, Tabasco

Alle Zutaten gut verrühren und mit Salz, Pfeffer und einigen Tropfen Tabasco abschmecken.

PS. Diese Sauce schmeckt hervorragend zu rohem Gemüse sowie zu gegrilltem oder gebratenem Fisch.

PPS. 2 Esslöffel der Sauce mit 1 Esslöffel Zitronensaft oder Essig und 2 Esslöffeln Olivenöl vermischen, eine Fenchelknolle dazuhobeln, und schon haben Sie, mit Orangenschnitzen garniert, einen hinreissenden Fenchelsalat.

Süßkartoffel-Chips

300 g Süßkartoffeln, geschält
1 Esslöffel Oliven- oder Rapsöl
Salz

Den Backofen auf 220 Grad vorheizen. Die Süßkartoffeln in dünne Scheiben hobeln, mit dem Öl gut vermengen, auf ein Backblech verteilen und im vorgeheizten Ofen unter einmaligem Wenden 8–10 Minuten braten, bis sie gar sind und stellenweise dunkle Blasen bilden. Vor dem Servieren ganz leicht salzen.

PS. Schneidet man die Süßkartoffeln in Scheiben von 1 cm Dicke, benötigen sie 10–12 Minuten Garzeit; sie sind dann saftiger, sehen aber weniger dekorativ aus.

PPS. Statt Süßkartoffeln kann man auch normale Kartoffeln auf dieselbe Art zubereiten.

Meerrettich-Dip

1 kleines Stück Meerrettichwurzel
½ Teelöffel Zitronensaft
60 g Quark
2 Esslöffel Mayonnaise
1 Teelöffel Senf
Salz, Pfeffer aus der Mühle, 1 Prise Zucker
¼ Apfel, fein gerieben, nach Belieben

Den Meerrettich fein reiben. Damit er
sich nicht verfärbt, sofort mit dem Zitronensaft beträufeln und mit Quark,
Mayonnaise und Senf vermischen. Mit
den Gewürzen abschmecken.

PS. Passt als Dip zum Aperitif, zu Fleisch-
und Fischfondue oder zu hart gekochten,
in Scheiben geschnittenen Eiern.

Currysauce

100 g Sauerrahm
½–1 Teelöffel Currypulver, je nach Schärfe
einige Spritzer Worcestersauce
½ Teelöffel Mango-Chutney
je 1 Messerspitze Zwiebel- und Ingwerpulver
Salz, Pfeffer aus der Mühle

Alle Zutaten gut miteinander verrühren.

PS. Diese Sauce passt ausgezeichnet als
Dip zum Aperitif, zu Fisch- und Fleisch-
fondue, zu Crevetten und gekochten
Eiern.

PPS. Für einen Reissalat 2 Esslöffel Sauce
mit 1 Esslöffel Essig und 2 Esslöffeln
Olivenöl vermischen, 100 g gekochten,
kalten Reis und einige Gemüsewürfelchen
daruntermischen, würzen.

Mandel-Sesam-Sauce

1 Knoblauchzehe, gepresst
50 g Mandelmus (Reformhaus)
50 g weißes Tahini (Mus aus geschältem
   Sesam, Reformhaus)
1 Zitrone, Saft
Salz, Pfeffer aus der Mühle
kaltes Wasser

Sämtliche Zutaten im Mixer oder mit
dem Stabmixer pürieren. So viel Wasser
hinzufügen, bis die Sauce die gewünschte
sämige Konsistenz hat.

PS. Diese Sauce ist vielseitig einsetzbar.
Sie passt zu Falafel, Fleischbällchen und
Gemüse. Sie können auch 1 Teelöffel
davon in eine Salatsauce rühren. Sie hält
sich im Kühlschrank gut 1–2 Wochen.

PPS. Selbstverständlich kann man dafür
auch das braune Mus aus ungeschältem
Sesam verwenden.

Honig-Schalotten-Konfitüre

150 g Schalotten, in feine Streifen geschnitten
Bratbutter
30 g Zucker
40 g Baumnüsse, gehackt
75 ml Weißwein
75 ml weißer Balsamicoessig
1 Esslöffel Honig
wenig Salz

Die Schalotten in heißer Bratbutter andünsten. Vom Herd nehmen.
Den Zucker in eine Pfanne geben und bei mittlerer Hitze unter gelegentlichem Rühren flüssig schmelzen. Die Baumnüsse dazugeben und karamellisieren, bis der Zucker mittelbraun ist. (Achtung, der Zucker sollte nicht dunkelbraun werden, da er sonst bitter schmeckt.) Mit Weißwein und Balsamico ablöschen, die Schalotten dazugeben und die Flüssigkeit einkochen lassen. Mit Honig und wenig Salz abschmecken.

PS. Diese herrliche Konfitüre passt als Abschluss eines feinen Mahls sehr zu einem Stück Camembert oder Brie, den Sie zuvor kurz mit Weißwein mariniert haben und mit der Marinade im 200 Grad heißen Ofen angeschmolzen haben. Sie ist aber auch eine passende Begleituzng zu einer rassigen Pastete oder zu einer Käseplatte.

Gewürzsalz

300 g Salz
15 g Paprika
5 g frisch gemahlener Pfeffer

Sämtliche Zutaten gründlich miteinander mischen. Das Gewürzsalz in einem fest verschließbaren Behälter aufbewahren.

PS. Das Gewürzsalz eignet sich sehr gut zum Würzen von Fleisch vor dem Arbraten.

Der süße

Desserts

Ausklang

Als ich mit meinem Liebsten 1981 in den Bergen von Taiwan unterwegs war, fanden wir einmal in einem einfachen Gasthof ein Zimmer für die Nacht. Essen gab es nirgends. Zum Glück fanden wir im Rucksack noch eine angebrochene Packung vertrocknete Kekse und eine zerquetschte Mango. Auf der Matratze sitzend aßen wir die Kekse mit Mangoschnitzen darauf. Dazu gab es lauwarmes Wasser aus der Thermosflasche. Selten habe ich eine Mahlzeit als so köstlich und erotisch empfunden.

Mangocreme

400 g reife Mango (etwa 2 Stück)
1 Teelöffel Limonen- oder Zitronensaft
50 ml Rahm
1 Esslöffel Honig
einige Streifchen frische rote Chili als Garnitur

Die Mango schälen, das Fruchtfleisch vom Stein schneiden und klein würfeln. Einige Mangowürfel als Garnitur beiseite legen.
Die restlichen Mangowürfel samt Saft mit Rahm und Honig pürieren. Die Creme durch ein Sieb streichen und kühl stellen. In zwei Dessertschalen verteilen und mit den beiseite gelegten Mangowürfeln und Chilistreifen garnieren.

Kastanienmousse auf beschwipster Birne

Für 6 Personen

Kastanienmousse:
80 g Korinthen, ersatzweise Sultaninen
3 Esslöffel Grand Marnier
¼ l Rahm
200 g Kastanienpüree, gesüßt
150 g Mascarpone
1 Päckchen Bourbon-Vanillezucker

Birnen:
200 ml Weißwein
1 Teelöffel Zitronensaft
1 Esslöffel Honig
1 kleines Stück Zimt, nach Belieben
2–4 Birnen

Die Korinthen etwa 1 Stunde im Grand Marnier marinieren. Den Rahm steif schlagen.
Das Kastanienpüree mit dem Mascarpone und dem Vanillezucker gut verrühren, die Korinthen samt allenfalls noch vorhandener Flüssigkeit daruntermischen. Dann den Rahm sorgfältig darunterziehen. Die Mousse mindestens 2 Stunden kühl stellen.
Den Weißwein mit Zitronensaft, Honig und Zimt aufkochen. Die Birnen schälen, halbieren und das Kerngehäuse entfernen. Dann die Birnenhälften sofort in den Weißweinsud geben und darin nicht zu weich pochieren (4–5 Minuten). Herausheben und entweder sofort oder abgekühlt anrichten.
Zum Servieren einen Glaceportionierlöffel in heißes Wasser tauchen und von der Kastanienmousse Kugeln abstechen. Auf den Birnenhälften anrichten und servieren.

PS. Das restliche Mousse glattstreichen und tiefkühlen.

PPS. Es empfiehlt sich für dieses Rezept Korinthen zu verwenden. Sie sind nicht so süß, haben ein wunderbares Aroma und einen festen Biss. Als Alternative nehmen Sie Rosinen oder kleine Schokoladenwürfelchen.

Champagner-Beeren-Dessert

50 ml frisch gepresster Orangensaft
1 Esslöffel Honig
½ Limette oder Zitrone, abgeriebene Schale
1 Esslöffel Grand Marnier oder Himbeerlikör, nach Belieben
100 g Himbeeren
2 Kugeln Lemon-Lime-Sorbet
100 ml Champagner, kalt

Den Orangensaft mit Honig, Limettenschale und Likör mischen. Die Himbeeren in schöne weite Kelchgläser verteilen und mit der Orangensaftmischung begießen. Etwa 20 Minuten durchziehen lassen.
Je eine Kugel Sorbet daraufsetzen, den Champagner dazugießen und genießen!

PS. Falls Sie das Dessert reichhaltiger wünschen, mischen Sie 100 g Mascarpone mit 1 Esslöffel Honig und geben Sie diesen über die Himbeeren, bevor Sie das Sorbet und den Champagner hinzufügen.

Balsamico-Erdbeeren

300 g Erdbeeren
2 Esslöffel Balsamicoessig bester Qualität
1 Esslöffel Honig
2 Kugeln Vanilleglace
einige rosa Pfefferkörner, grob zerquetscht als Garnitur

Die Erdbeeren je nach Größe halbieren oder vierteln. Den Balsamicoessig mit dem Honig verrühren und die Erdbeeren darin 30 Minuten marinieren.
Die Erdbeeren in zwei Dessertschalen verteilen, je eine Kugel Vanilleglace daraufgeben und mit dem rosa Pfeffer garnieren.

Orangensalat tausendundeine Nacht

3 Orangen
4 Datteln, entsteint, der Länge nach in
  4 Schnitze geschnitten
1 Hauch Zimtpulver
1 Stück kandierter Ingwer, gerieben
1 Teelöffel Honig, nach Belieben
1 Esslöffel Maraschino, nach Belieben
1 Esslöffel Pistazien, grob gehackt
1 Esslöffel Pinienkerne, trocken geröstet
einige Blätter Pfefferminze, fein geschnitten
2 Zweige Pfefferminze als Garnitur

Von den Orangen einen Boden und einen Deckel abschneiden, mit einem scharfen Messer die Schale rundherum so entfernen, dass das Fruchtfleisch zum Vorschein kommt. Nun die Orangen in dünne Scheiben schneiden. Dabei den Saft auffangen, mit den restlichen Zutaten (bis auf die Garnitur) mischen und die Orangenscheiben damit marinieren. Den Orangensalat auf zwei Tellern anrichten und mit den Pfefferminzzweigen garnieren.

PS. Nach Lust und Laune Vanille- oder Schokoladenglace oder ein Orangensorbet dazu reichen.

Pfirsich-Trifle

Für 2–4 Personen

6 Löffelbiskuits
100 ml frisch gepresster Orangensaft
1–2 Esslöffel Grand Marnier, nach Belieben
350 g Pfirsiche
200 g Mascarpone
1 Esslöffel Honig
2–4 Meringues, je nach Größe, grob
  zerbröckelt
wenig Zartbitterschokolade, gerieben,
  als Garnitur

Eine Glasschüssel mit den Löffelbiskuits auslegen. Den Orangensaft mit dem Grand Marnier mischen und die Löffelbiskuits damit tränken.
Die Pfirsiche 15–20 Sekunden in heißes Wasser tauchen, häuten, entsteinen und in Schnitze schneiden. Die Pfirsichschnitze auf den Löffelbiskuits verteilen. Den Mascarpone mit dem Honig verrühren und die zerbröckelten Meringues locker daruntermischen. Über die Pfirsiche verteilen und glattstreichen. Den Trifle mindestens 2 Stunden kalt stellen. Vor dem Servieren die Schokolade darüberreiben.

Den Mascarpone glattrühren und mit Vanillezucker, Orangenschale und Doppelrahm gut vermischen. Die Mascarponemischung auf den getränkten Biskuits verteilen und die Creme mindestens 4 Stunden kühl stellen. Kurz vor dem Servieren mit Pistazien und Orangenzesten garnieren.

PS. Madeira ist ein Süßwein, der auf der gleichnamigen, im Atlantik gelegenen Insel hergestellt wird. Er eignet sich zum Verfeinern und Aromatisieren vieler, nicht nur süßer Gerichte.

Kaffee-Madeira-Creme

50 ml starker Kaffee, heiß
1 Teelöffel Honig
2 Esslöffel Madeira
40–50 g Mandelbiskuits, z. B. Cantuccini, grob zerbröckelt
100 g Mascarpone
2 Päckchen Bourbon-Vanillezucker
½ unbehandelte Orange, abgeriebene Schale
100 ml Doppelrahm
einige Pistazien, gehackt, als Garnitur
einige Orangenzesten als Garnitur

Den Kaffee mit dem Honig und dem Madeira mischen und abkühlen lassen. Die zerbröckelten Biskuits in zwei Dessertschalen oder Tassen verteilen und mit dem Kaffee begießen.

Camembert-Birnen-Tarte-Tatins

Für 2 Backförmchen von etwa 10 cm Durchmesser

40 g Zucker
1 Esslöffel Wasser
10 g Butter
2 Birnen
wenig Zitronensaft
2 Esslöffel Baumnüsse, grob gehackt, nach Belieben
1 Tomme (Weichkäse), ca. 150 g (etwa 9 cm Durchmesser)
2 Rondellen Blätterteig, etwas größer als die Förmchen

Den Backofen auf 180 Grad vorheizen. Den Zucker mit dem Wasser in einen Topf geben und, ohne zu rühren, erhitzen. Die Hitze reduzieren und den Zucker köcheln lassen, bis er aufschäumt und ein goldbrauner Karamell entstanden ist. Sofort vom Herd nehmen und auskühlen lassen.

Die Birnen schälen, in Würfel schneiden und sofort mit Zitronensaft beträufeln. Die Förmchen mit wenig Butter ausfetten und den Karamell hineingießen. Die Birnenwürfel und die Baumnüsse in die Förmchen verteilen und alles gut zu einer Schicht möglichst ohne Zwischenräume pressen. Die restliche Butter darauf verteilen. Die Birnen im vorgeheizten Ofen 15–20 Minuten vorgaren. Herausnehmen und leicht auskühlen lassen. Die Ofentemperatur auf 220 Grad erhöhen. Den Tomme quer in 2 Scheiben schneiden, auf die Birnenschicht legen und mit den Blätterteigrondellen bedecken, den Teig am Rand leicht andrücken. Die Förmchen zurück in den Ofen schieben und weitere 15–20 Minuten backen. Die Tartes aus dem Ofen nehmen und leicht auskühlen lassen, dann den Teig mit einem scharfen Messer dem Rand entlang lösen und die Tartes auf zwei Teller stürzen. Noch lauwarm, nach Belieben mit Baumnüssen garniert, servieren.

Panna cotta exotica
mit Passionsfruchtsauce

Für 4 Personen

Panna cotta:
200 ml Rahm
15 g Zucker
4–6 Stücke kandierter Ingwer, fein gerieben
3 Blatt Gelatine
¼ l Kokosmilch

Passionsfruchtsauce:
4 Passionsfrüchte
½ Orange, Saft
20 g Zucker
1 Esslöffel Grand Marnier, nach Belieben
1 Passionsfrucht, halbiert, als Garnitur
einige Pfefferminzblätter als Garnitur

Den Rahm mit dem Zucker und dem Ingwer in einem Topf unter häufigem Rühren aufkochen. Aufpassen, da der Rahm steigt, sobald er aufkocht. Vom Herd nehmen und zugedeckt 10 Minuten ziehen lassen.
Inzwischen die Gelatine kurz in kaltem Wasser einweichen, sorgfältig ausdrücken und unter die Rahmmischung rühren. Die Kokosmilch darunterrühren. Auskühlen lassen, dann durch ein feines Sieb gießen, dabei die Rückstände im Sieb gut ausdrücken.
4 bis 5 Förmchen von etwa 100–150 ml Inhalt mit kaltem Wasser ausspülen und die Panna-cotta-Mischung hineinfüllen. Im Kühlschrank fest werden lassen.
Für die Sauce die Passionsfrüchte halbieren und das Fruchtmark herauslöffeln. Mit den restlichen Zutaten gut vermischen, kühl stellen.

Kurz vor dem Servieren die Förmchen kurz in heißes Wasser stellen, dem Rand entlang lösen und auf Teller stürzen. Das Panna cotta mit der Passionsfruchtsauce umgießen und nach Belieben mit einer Passionsfruchthälfte und Pfefferminzblättchen garnieren.

PS. Es lohnt sich, das Panna cotta in der angegebenen Menge für 4 Personen herzustellen, auch wenn Sie nur zu zweit sind. Das Panna cotta lässt sich gut tiefkühlen. Die Sauce dann aber in der halben Menge jeweils frisch zubereiten.

Frucht-Fondue

Obst nach Belieben (z.B. Ananas, Physalis,
   Mango, Kiwi, Feigen, Orangen, Birne, Apfel,
   Banane), in Stücke geschnitten
150 g dunkle Schokolade, zerkleinert
½ unbehandelte Orange, Saft und
   abgeriebene Schale
2 Esslöffel Rahm
1–2 Teelöffel Grand Marnier, Rum oder Cognac
evtl. etwas Milch

Das Obst vorbereiten und, in mund-
gerechte Stücke geschnitten, auf einer
Platte anrichten.
In einem Caquelon die Schokolade
mit Orangensaft und -schale, Rahm sowie
dem Alkohol bei schwacher Hitze langsam zum Schmelzen bringen. Wenn
nötig, etwas Milch dazugeben. Die
Schokoladensauce darf nicht überhitzt
werden, sonst gerinnt sie.
Wenn die Schokolade geschmolzen
ist, das Caquelon auf das Rechaud stellen
und das Obst dazu servieren.

Schokoladen-Pfeffer-Muffins

Für 8 beschichtete Muffinförmchen
   à 100 ml Inhalt

150 g weiche Butter
200 g Zucker
2 Eier, verklopft
100 g Kakao ohne Zuckerzusatz
125 g Weizen- oder Dinkelmehl
1 Teelöffel Backpulver
40 g Baumnüsse, gehackt
1 Teelöffel rosa Pfeffer, grob zerstoßen

Den Backofen auf 180 Grad vorheizen.
Die Förmchen ausbuttern.
Butter und Zucker in einer tiefen Schüssel
schaumig schlagen. Die verklopften Eier
dazugeben und gut durchrühren. Den
Kakao mit Mehl und Backpulver mischen, dann zusammen mit den Nüssen
und dem Pfeffer zur Eimischung geben
und alles zu einem Teig vermengen. Den
Teig in die Förmchen füllen und im vorgeheizten Ofen 10–12 Minuten backen.
Die Muffins sollten innen noch feucht
sein.
Noch warm nach Belieben mit einer
Kugel Vanilleglace genießen.

PS. Diese Muffins sind nicht sehr süß
und passen daher auch herrlich zu einem
süßen Rotwein.

PPS. In weit über hundert Studien wurde
nachgewiesen, dass Kakao gesundheits-
fördernde Effekte besitzt. Genießen Sie
diese Muffins also trotz des Zuckers ohne
schlechtes Gewissen! Außerdem weiß
man, dass schon geringe Mengen Kakao
eine leicht euphorisierende Wirkung
haben ...

Dank

Ich danke von Herzen:

Meinem Schatz Cyrill für seine Liebe, Toleranz und Unterstützung.

Der Fotografin Ulla Mayer-Raichle für ihr Gespür und ihre Leidenschaft. Sie versteht es, meine Rezepte perfekt in Bilder umzusetzen.

Meinen Kindern Lucy und Ben. Einfach so.

Meinen Freundinnen, weil sie immer da sind.

Dem ganzen Heaven-Sent-Team für seinen meisterhaften Beistand.

Urs Hunziker und dem ganzen Team des AT Verlags für ihr Verständnis, wenn mir der Brückenschlag zwischen Catering und Buchschreiben manchmal nicht ganz gelingt und ich dadurch in Verzug gerate.

Bezugsquellen

Für die aktuellsten Informationen zu Anbietern und Angebot empfiehlt es sich, die jeweiligen Internet-Adressen zu konsultieren.

Berg-Apotheke
Stauffacherstraße 26, 8004 Zürich
Telefon +41 (0)44 241 10 50
Fax +41 (0)44 291 33 19
www.berg-apotheke.ch
info@berg-apotheke.ch
Kräuter, Gewürze, Naturheilmittel.
Große Auswahl. Internationaler Versand.

Bellevue Apotheke
Theaterstraße 14, 8001 Zürich
Telefon +41 (0)44 266 62 22
Fax +41 (0)44 261 02 10
www.bellevue-apotheke.ch
info@bellevue-apotheke.ch
Naturheilmittel. Internationaler Versand.

Dr. Noyer Apotheke
Marktgasse 65, 3011 Bern
Telefon +41 (0)31 326 28 28
Fax +41 (0)31 326 28 29
www.apotheke-dr-noyer.ch
apotheke@drnoyer.ch
Naturheilmittel. Internationaler Versand.

cannapee, Vertriebszentrum Trin Mulin
7016 Trin Mulin
Telefon +41 (0)81 630 45 17
Fax +41 (0)81 630 45 16
www.cannapee.ch
info@cannapee.ch
Online-Shop für Kräuter, Samen und Pflanzen. Internationaler Versand.

www.elixier.com, info@elixier.com
Online-Shop für Pflanzen, Samen, Tinkturen, Extrakte. Internationaler Versand.

www.magicgardenseeds.de
kontakt@magicgardenseeds.de
Online-Shop für Samen und Ethnobotanik. Internationaler Versand.

Rezeptverzeichnis

Häppchen

Austern, überbacken mit Rahm
   und Noilly Prat 46
Oliven-Tapenade 49
Pouletbällchen, gelb-würzige 43
Pouletsatays mit Erdnusssauce 44
Riesencrevettenspieße 43
Roastbeef-Rollen mit Meerrettich-
   Wasabi-Füllung 44
Schnittlauch-Chili-Dip 49
Tomaten-Tapenade 49
Zwetschgen im Speckmantel 46

Vorspeisen

Auberginen in Saor 65
Avocado mit Riesencrevetten
   und Tomatenvinaigrette 62
Blumensalat 59
Champignons mit Mozzarella 62
Feigen im Rohschinkenmantel
   auf Halloumi mit Blattsalat 56
Fenchelsalat, gedünsteter, mit Granatapfel
   und Mandeln 52
Melone, Rohschinken
   und Himbeeren 59
Munkazina-Salat mit
   Pfefferminzdressing 55
Rucolasalat mit Jakobsmuscheln
   und Steinpilzen 60
Schalotten à la grecque 52
Sellerie-Panna-cotta mit Mandarinen-
   Nuss-Sauce 54
Thunfisch-Carpaccio 60
Thunfisch-Cevice mit Wodka
   und Limetten 55

Suppen

Fruchtsuppe, rote 78
Karotten-Koriander-Suppe 75
Knoblauchsuppe, klare 72
Kokos-Zitronen-Suppe
   mit Champignons 71
Kürbissuppe, karibische 68
Mandelsuppe 76
Scharf-saure Suppe
   mit Riesencrevetten 72

Tomatensuppe 68
Vichyssoise exotique 71
Zucchinisuppe 75

Fisch und Meeresfrüchte

Dorade royale im Bananenblatt 89
Jakobsmuscheln mit Avocadosauce 90
Kabeljau in Orangensauce 92
Lachs- und Kabeljaufilets, grilliert,
   in Safranmarinade 92
Lachsragout mit Sauternes
   und Trauben 82
Lachs-Teriyaki 82
Riesencrevettenspieße, asiatisch
   mariniert 87
Rotbarsch mit dreifarbiger Paprika-
   sauce 86
Thunfischsteaks mit Sesam-Honig-
   Kruste 84
Zander royale mit Chili-Zitronen-
   Sauce 84

Fleisch und Geflügel

Huhn (Poulet) an Balsamicosauce 107
Kalbsbraten mit Steinpilzen 102
Kalbsmedaillons an Grüntee-Sternanis-
   Sauce 96
Kalbstatar 104
Lammkoteletts mit Pasandasauce 113
Lammrückenragout mit Safran
   und Knoblauch 104
Poulet mit Passionsfruchtsauce
   und Spargel 100
Pouletbrüstchen tausendundeine
   Nacht 99
Pouletstreifen, Tikka- 107
Rindsfilet mit Grünpfeffersauce 111
Rindsfilet, flambiert, mit Senfsauce 111
Schweinefilet, überbacken, mit Apfel
   und Calvadossauce 98
Stubenküken mit zwanzig Knoblauch-
   zehen 108

Vegetarische Gerichte

Eier, pochiert, an Safransauce 116
Kartoffelsalat, Gazpacho- 118
Linseneintopf 116
Mezzalune und Ravioli mit
  Zitronenbutter 126
Penne mit Erbsen-Carbonara 118
Pilzragout Stroganoff 117
Spaghetti mit Peperoncini, Frühlings-
  zwiebeln und Pinienkernen 120
Tomaten, karamellisiert,
  mit Basilikum 124
Tomaten-Basilikum-Risotto 123
Wurzelgemüse, geschmort
mit Orange 120

Gemüse, Beilagen, Grundrezepte

Auberginen mit fünf Gewürzen 135
Brokkoli, mariniert, mit Basilikum
  und Baumnüssen 136
Dinkelküchlein, Thymian- 136
Dipsaucen
  Cocktail-Dip 139
  Currysauce 140
  Mandel-Sesam-Sauce 140
  Meerrettich-Dip 140
Ebly mit Orangen, Sultaninen
  und Pistazien 132
Gewürzsalz 141
Honig-Schalotten-Konfitüre 141
Kartoffelgratin mit grünem Pfeffer
  und Knoblauch 130
Kokosreis 135
Kräuterkartoffeln, zerstampfte 130
Süßkartoffel-Chips 139

Desserts

Camembert-Birnen-Tarte-Tatins 153
Champagner-Beeren-Dessert 146
Erdbeeren, Balsamico- 146
Frucht-Fondue 156
Kaffee-Madeira-Creme 150
Kastanienmousse auf beschwipster
  Birne 144
Mangocreme 144
Orangensalat tausendundeine Nacht 149
Panna cotta exotica mit Passionsfrucht-
  sauce 154
Pfirsich-Trifle 149
Schokoladen-Pfeffer-Muffins 156